U0870837

胡适精选集

哲学与人生

胡 适 著

中国妇女出版社

图书在版编目（CIP）数据

哲学与人生 / 胡适著. -- 北京：中国妇女出版社，2017.7

ISBN 978-7-5127-1462-5

Ⅰ.①哲… Ⅱ.①胡… Ⅲ.①胡适（1891～1962）—文集 Ⅳ.①C52

中国版本图书馆CIP数据核字（2017）第125810号

哲学与人生

作　　者：胡　适　著
责任编辑：袁　荣
责任印制：王卫东
出版发行：中国妇女出版社
地　　址：北京市东城区史家胡同甲24号　　邮政编码：100010
电　　话：（010）65133160（发行部）　　65133161（邮购）
网　　址：www.womenbooks.cn
法律顾问：北京天达共和律师事务所
经　　销：各地新华书店
印　　刷：北京通州皇家印刷厂
开　　本：150×215　1/16
印　　张：18.5
字　　数：210千字
版　　次：2017年7月第1版
印　　次：2017年7月第1次
书　　号：ISBN 978-7-5127-1462-5
定　　价：45.00元

编者的话

孔子说："不学诗，无以言。""诗，可以兴，可以观，可以群，可以怨，迩之事父，远之事君；多识于鸟兽草木之名。"意思是说，诗可以激发情志，可以观察社会，可以交往朋友，可以怨刺不平；近可以侍奉父母，远可以侍奉君王，还可以知道不少鸟兽草木的名称。这里的"学诗"其实也可以理解为"读书"。从某种意义上讲，这不正是2000多年前的先人对于读书之重要性的质朴理解吗？培根说："读书使人成为完善的人。"说的也是同样的道理。

每一个想要提升自己的人，读书是唯一捷径。而读书则要读经典。北京大学中文系教授钱理群先生说："'经典'是时代、民族文化的结晶。人类文明的成果，就是通过经典的阅读而代代相传的。"

我们编辑出版的这套"读·经典"系列，是一套送给广大年轻人的现代文学经典读本。本套书收录了胡适、朱自清、郁达夫、周作人等现代文学巨匠的经典作品。有的论人生，有的谈做人，有的说生命……或是幽默风趣，或是平实质朴，恬淡中见奢华，亲切中有真挚，每一篇，每一句，每一字，无不是先辈们灵动思绪和满腹才华的凝结。希望读者能从这套书中看到现代文坛精英们的生活，领略他们生活的那个时期的独特韵味。

《哲学与人生》一书收录的都是胡适最为经典的名篇佳作。其中“第一辑　哲学探微”收录的是胡适探讨中西哲学的经典文章；“第二辑　人生命题”收录的是胡适探讨人生观的经典名篇；“第三辑　四十自述”收录的是胡适生前唯一亲笔撰写的自传，是中国现代传记文学的名篇之作，讲述了作者童年、少年与青年时代的人生经历，回顾了自己人生前四十年的心路历程，是作者与自己的青少年时代进行的“心灵对话”。

本书在编辑出版过程中尽可能保留了每篇文章的原文原貌。对于文章中一些不易理解之处，予以注释。虽经努力，但限于时间、精力、水平有限，难免有不足之处，敬请广大读者指正。

目录

第一辑　哲学探微

第二辑　人生命题

第三辑　四十自述

第一辑

哲学探微

中国哲学结胎的时代

大凡一种学说，决不是劈空从天上掉下来的。我们如果能仔细研究，定可寻出那种学说有许多前因，有许多后果。譬如一篇文章，那种学说不过是中间的一段。这一段定不是来无踪影，去无痕迹的。定然有个承上启下，承前接后的关系。要不懂他的前因，便不能懂得他的真意义。要不懂他的后果，便不能明白他在历史上的位置。这个前因，所含不止一事，第一是那时代政治社会的状态；第二是那时代的思想潮流。这两种前因、时势和思潮，很难分别。因为这两事又是互相为因果的。有时是先有那时势，才生出那思潮来；有了那种思潮，时势受了思潮的影响，一定有大变动。所以时势生思潮，思潮又生时势，时势又生新思潮。所以这学术史上寻因求果的研究，是很不容易的。我们现在要讲哲学史，不可不先研究哲学发生时代的时势和那时势所发生的种种思潮。

中国古代哲学大家，独有孔子一人的生年死年，是我们所晓得的。孔子生于周灵王二十一年，当西历纪元前551年，死于周敬王四十一年，当西历前479年。孔子曾见过老子，老子比孔子至多不过大20岁，大约生于周灵王的初年，当西历前570年左右。中国哲学到了老子、孔子的时候，才可当得“哲学”两个字。我们可把老子、孔子以前的二三百年，当作中国哲学的怀胎时代。为便利起见，我们可用西历来计算如下：

前八世纪（周宣王二十八年到东周桓王二十年，西历纪元前800年到前700年）

前七世纪（周桓王二十年到周定王七年，西历前700年到前600年）

前六世纪（周定王七年到周敬王二十年，西历前600年到前500年）

这三百年可算得一个三百年的长期战争。一方面是北方戎狄的扰乱（宣王时，常与猃狁开战。幽王时，戎祸最烈。犬戎杀幽王，在西历前771年。后来周室竟东迁以避戎祸。狄灭卫，杀懿公，在前660年），一方面是南方楚吴诸国的勃兴（楚称王在前704年，吴称王在前585年）。中原的一方面，这三百年之中，哪一年没有战争侵伐的事。周初许多诸侯，早已渐渐的被十几个强国吞并去了。东迁的时候，晋、郑、鲁最强。后来鲁、郑衰了，便到了“五霸”时代。到了春秋的下半段，便成了晋楚争霸的时代了。

这三个世纪中间，也不知灭了多少国，破了多少家，杀了多少人，流了多少血。只可惜那时代的政治和社会的情形，已无从详细查考了。我们如今参考《诗经》《国语》《左传》几部书，仔细研究起来，觉得那时代的时势，大概有这几种情形：

第一，这长期的战争，闹得国中的百姓死亡丧乱，流离失所，痛苦不堪。如《诗经》所说：

肃肃鸨羽，集于苞栩。王事靡盬，不能蓺稷黍。父母何怙？悠悠苍天，曷其有所！（《唐风·鸨羽》）

陟彼屺兮，瞻望母兮。母曰："嗟！予季行役，夙夜无寐！上慎旃哉！犹来无弃！"（《陟岵》）

昔我往矣，杨柳依依。今我来思，雨雪霏霏。行道迟迟，载渴载饥。我心伤悲，莫知我哀！（《小雅·采薇》，参看《出车》《杕杜》）。

何草不黄！何日不行！何人不将，经营四方！何草不玄！何人不矜！哀我征夫，独为匪民！（《小雅·何草不黄》）

中谷有蓷，暵其湿矣！有女仳离，啜其泣矣！啜其泣矣！何嗟及矣！（《王风·中谷有蓷》）

有兔爰爰，雉离于罗。我生之初，尚无为。我生之后，逢此百罹。尚寐无吪！（《兔爰》）

苕之华，其叶青青。知我如此，不如无生！牂羊坟首，三星在罶。人可以食，鲜可以饱。（《苕之华》）

读了这几篇诗，可以想见那时的百姓受的痛苦了。

第二，那时诸侯互相侵略，灭国破家不计其数。古代封建制度的种种社会阶级，都渐渐的消灭了，就是那些不曾消灭的阶级，也渐渐的可以互相交通了。

古代封建制度的社会最重阶级。《左传》昭十年，芋尹无宇曰："天子经略，诸侯正封，古之制也。封略之内，何非君土？食土之毛，谁非君臣？……天有十日，人有十等，下所以事上，上所以共神也。故王臣公，公臣大夫，大夫臣士，士臣皂，皂臣舆，舆臣隶，隶臣僚，僚臣仆，仆臣台。马有圉，牛有牧，以待百事。”[1]古代社会的阶级，约有五等：

一、王（天子）

二、诸侯（公、侯、伯、子、男）

三、大夫

四、士

五、庶人（皂、舆、隶、僚、仆、台）

到了这时代，诸侯也可称王了。大夫有时比诸侯还有权势了（如鲁之三家，晋之六卿。到了后来，三家分晋，田氏代齐，更不用说了），亡国的诸侯卿大夫，有时连奴隶都比不上。《国风》上说的：

式微式微，胡不归！微君之躬，胡为乎泥中！（《邶风·式微》）

琐兮尾兮，流离之子！叔兮伯兮，褎如充耳！（《邶风·旄丘》）

可以想见当时亡国君臣的苦处了。《国风》又说：

东人之子，职劳不来。西人之子，粲粲衣服。舟人之子，熊罴是裘。私人之子，百僚是试。（《小雅·大东》）

1　引文出自《左传·昭公七年》。——编者注。

可以想见当时下等社会的人，也往往有些“暴发户”，往往会爬到社会的上层去。再看《论语》上说的公叔文子和他的家臣大夫僎同升诸公。又看《春秋》时，饭牛的宁戚，卖作奴隶的百里奚，郑国商人弦高，都能跳上政治舞台，建功立业。可见当时的社会阶级，早已不如从前的严紧了。

第三，封建时代的阶级虽然渐渐消灭了，却新添了一种生计上的阶级。那时社会渐渐成了一个贫富很不平均的社会。富贵的太富贵了，贫苦的太贫苦了。

《国风》上所写贫苦人家的情形，不止一处（参观上文第一条）。内中写那贫富太不平均的，也不止一处。如：

小东大东，杼柚其空。纠纠葛屦，可以履霜。佻佻公子，行彼周行。既往既来，使我心疚。（《小雅·大东》）

纠纠葛屦，可以履霜。掺掺女手，可以缝裳。要之襋之，“好人”服之！“好人”提提，宛然左辟，佩其象揥。维是褊心，是以为刺。（《魏风·葛屦》）

这两篇竟像英国虎德（Thomas Hood）的《缝衣歌》的节本。写的是那时代的资本家雇用女工，把那“掺掺女子”的血汗工夫，来做他们发财的门径。葛屦本是夏天穿的，如今这些穷工人到了下霜下雪的时候，也还穿着葛屦。怪不得那些慈悲的诗人忍不过要痛骂了。又如：

彼有旨酒，又有嘉肴。洽比其邻，昏姻孔云。念我独兮，忧心殷

殷！佌佌彼有屋，蔌蔌方有穀。民今之无禄，天夭是椓。哿矣富人，哀此惸独！（《小雅·正月》）

这也是说贫富不平均的。更动人的，是下面的一篇：

坎坎伐檀兮，置之河之干兮。河水清且涟猗。——不稼不穑，胡取禾三百廛兮！不狩不猎，胡瞻尔庭有县貆兮！彼君子兮，不素餐兮！（《魏风·伐檀》）

这竟是近时社会党攻击资本家不该安享别人辛苦得来的利益的话了！

第四，那时的政治，除了几国之外，大概都是很黑暗、很腐败的王朝政治。

我们读《小雅》的《节南山》《正月》《十月之交》《雨无正》几篇诗，也可以想见了。其他各国的政治内幕，我们也可想见一二。例如：

《邶风·北门》《齐风·南山》《敝笱》《载驱》
《桧风·匪风》《鄘风·鹑之奔奔》
《秦风·黄鸟》《曹风·候人》
《王风·兔爰》《陈风·株林》

写得最明白的，莫如：

人有土田，女反有之。人有民人，女覆夺之。此宜无罪，女反收

之。彼宜有罪，女覆说之。（《大雅·瞻卬》）

最痛快的，莫如：

硕鼠硕鼠，无食我黍。三岁贯女，莫我肯顾。逝将去汝，适彼乐土！乐土乐土！爰得我所！（《硕鼠》）

又如：

匪鹑匪鸢，翰飞戾天。匪鳣匪鲔，潜逃于渊。（《小雅·四月》）

这首诗写虐政不可逃，更可怜了。还不如：

鱼在于沼，亦匪克乐。潜虽伏矣，亦孔之炤。忧心惨惨，念国之为虐。（《正月》）

这诗说即使人都变做鱼，也没有乐趣的。这时的政治，也就可想而知了。

这四种现象：（一）战祸连年，百姓痛苦；（二）社会阶级渐渐消灭；（三）生计现象贫富不均；（四）政治黑暗，百姓愁怨。这四种现状，大约可以算得那时代的大概情形了。

（此文选自《中国哲学史大纲》，出版于1919年2月）

老子

1. 老子略传

老子的事迹，已不可考。据《史记》所说，老子是楚国人（《礼记·曾子问》正义引《史记》作陈国人），名耳，字聃，姓李氏（今本《史记》作“姓李氏，名耳。字伯阳，谥曰聃”，乃是后人据《列仙传》妄改的。《索隐》云：“许慎云，聃，耳曼也。故名耳，字聃。有本字伯阳，非正也。老子号伯阳父，此传不称也。”王念孙《读书杂志》三之四，引《索隐》此节，又《经典释文·序录》《文选注》《后汉书·桓帝纪》注，并引《史记》云老子字聃。可证今本《史记》所说是后人伪造的。后人所以要说老子字伯阳父者，因为周幽王时有个太史伯阳，后人要合两人为一人，说老子曾做幽王的官，当孔子生时，他已活了250岁了）。他曾做周室“守藏室之史”。《史记·孔子世家》和《老子列传》，孔子曾见过老子。这事不知在于何年，但据《史记》，孔子与南宫敬叔同适周。又据《左传》孟僖子将死，命孟懿子与南宫敬叔从孔子学礼（昭公七年）。孟僖子死于昭公二十四年二月。清人阎若璩因《礼记·曾子问》孔子曰："昔吾从老聃助葬于巷党，及堩日有食之。"遂推算昭公二十四年，夏五月，乙未朔，巳时，日食，恰入食限。阎氏因断定孔子适周见老子在昭公二十四年，当孔子34岁（《四书·释地续》）。这话很像可信，但还有可疑之处：一则《曾子问》是否可信；二则南宫敬叔死了父亲，不到三个月，是否可同孔子适周；三则《曾子问》所说日食，即便可信，难保不是昭公三十一年的日食。但无论如何，孔子适周，总在他34岁以后，当西历纪元前518年以后。大概孔子见老子在34岁（西历前518年，日食）与41岁（定五年，西历前511年，日食）之间。老子比孔子至多不过大20岁，老子当生于周灵王初年，当西历前570年左右。

老子死时，不知在于何时。《庄子·养生主》篇明记老聃之死。《庄子》这一段文字决非后人所能假造的，可见古人并无老子"入关仙去""莫知所终"的神话，《史记》中老子活了"百有六十余岁""二百余岁"的话，大概也是后人加入的。老子即享高寿，至多不过活了90多岁罢了。

上文说老子"名耳，字聃，姓李氏"，何以又称老子呢？依我看来，那些"生而皓首，故称老子"的话，固不足信（此出《神仙传》，谢无量《中国哲学史》用之）；"以其年老，故号其书为《老子》"（《高士传》）也不足信。我以为"老子"之称，大概不出两种解说：（一）"老"或是字。《春秋》时人往往把"字"用在"名"的前面，例如叔梁（字）纥（名），孔父（字）嘉（名），正（字）考父（名），孟明（字）视（名），孟施（字）舍（名），皆是。《左传》文十一年、襄十年，《正义》都说："古人连言名字者，皆先字后名。"或者老子本名聃，字耳，一字老（《老训寿考》，古多用为名字者，如《檀弓》晋有张老，《楚语》楚有史老）。古人名字同举，先说字而后说名，故战国时的书皆称老聃（王念孙《春秋名字解诂》及《读书杂志》俱依《索隐》说，据《说文》"聃，耳曼也。"《释名》耳字聃之意。今按朱骏声《说文通训定声》聃字下引汉《老子铭》云"聃然，老旄之貌也。"又《礼记·曾子问》注："老聃古寿考者之号也。"是聃亦有寿考之意，故名聃，字老。非必因其寿考而后称之也）。此与人称叔梁纥、正考父，都不举其姓氏，正同一例。又古人的"字"下可加"子"字、"父"字等字，例如孔子弟子冉求字有，可称"有子"（哀十一年《左传》），故后人又称"老子"。这是一种说法。（二）"老"或是姓。古代有氏姓的区别。寻常的小百姓，各依所从来为姓，故称"百姓""万姓"。贵族于姓之外，还有氏，如以国为氏、以官为氏之类。老子虽不曾做大官，或者源出于大族，故姓老而氏李，后人不懂古代氏族制度，把氏姓两事混作一事，故说"姓某氏"，其实这三字是错的。老子姓老，故人称老聃，也称老子，这也可备一说。这两种解说都可通，但我们现今没有凭据，不能必定那一说是的。

2.《老子》考

今所传老子的书，分上下两篇，共八十一章。这书原本是一种杂记体的书，没有结构组织。今本所分篇章，决非原本所有。其中有许多极无道理的分断（如二十章首句"绝学无忧"当属十九章之末，与"见素抱朴，少私寡欲”两句为同等的排句）。读者当删去某章某章等字，合成不分章的书，然后自己去寻一个段落分断出来（元人吴澄作《道德真经注》，合八十一章为六十八章。中如合十七、十八、十九为一章，三十、三十一为一章，六十三、六十四为一章，六十七、六十八、六十九为一章，皆极有理，远胜河上公本）。又此书中有许多重复的话和许多无理插入的话，大概不免有后人妄加妄改的所在。今日最通行的刻本，有世德堂的河上公章句本，华亭张氏的王弼注本，读者须参看王念孙、俞樾、孙诒让诸家校语。（章太炎极推崇《韩非子·解老》《喻老》两篇。其实这两篇所说，虽偶有好的，大半多浅陋之言。如解“攘臂而仍之”“生之徒十有三”“带利剑”等句，皆极无道理。但这两篇所据《老子》像是古本，可供我们校勘参考。）

3. 革命家之老子

上篇说老子以前的时势，和那种时势所发生的思潮。老子亲见那种时势，又受了那些思潮的影响，故他的思想，完全是那个时代的产儿，完全是那个时代的反动。看他对于当时政治的评判道：

民之饥，以其上食税之多，是以饥。民之难治，以其上之有为，是以难治。民之轻死，以其求生之厚，是以轻死。

民不畏死，奈何以死惧之？若使民常畏死，而为奇者吾得执而杀之，孰敢？

天下多忌讳，而民弥贫；民多利器，国家滋昏；人多伎巧，奇物滋起；法令滋彰，盗贼多有。

天之道损有余而补不足。人之道则不然：损不足以奉有余。

这四段都是很激烈的议论。读者试把《伐檀》《硕鼠》两篇诗记在心里，便知老子所说“人之道损不足以奉有余”和“民之饥以其上食税之多，是以饥”的话，乃是当时社会的实在情形。更回想《苕之华》诗“知我如此，不如无生”的话，便知老子所说“民不畏死”，“民之轻死，以其求生之厚，是以轻死”的话，也是当时的实在情形。人谁不求生？到了“知我如此，不如无生”的时候，束手安分也是死，造反作乱也是死，自然轻死，自然不畏死了。

还有老子反对有为的政治，主张无为无事的政治，也是当时政治的反动。凡是主张无为的政治哲学，都是干涉政策的反动。因为政府用干涉政策，却又没干涉的本领，越干涉越弄糟了，故挑起一种反动，主张放任无为。欧洲18世纪的经济学者政治学者，多主张放任主义，正为当时的政府实在太腐败无能，不配干涉人民的活动。老子的无为主义，依我看来，也是因为当时的政府不配有为，偏要有为；不配干涉，偏要干涉，所以弄得“天下多忌讳，而民弥贫；民多利器，国家滋昏；法令滋彰，盗贼多有”。[1]上篇所引《瞻卬》诗说的：“人有土田，女反有之。人有民人，女覆夺之。此宜无罪，女反收之。彼宜有罪，女覆说之。”那种虐政的效果，可使百姓人人有“匪鹑匪鸢，翰飞戾天；匪鳣匪鲔，潜逃于渊”的断想（老子尤恨当时的兵祸连年，故书中屡攻击武力政策。如“师之所处荆棘生焉，大军之后必有凶年”“兵者不祥之

1　此处原文为“天下多忌讳，而民弥贫；民多利器，国家滋昏；人多伎巧，奇物滋起；法令滋彰，盗贼多有”。——编者注。

器”“天下无道，戎马生于郊”皆是）。故老子说：“民之难治，以其上之有为，是以难治。”

老子对于那种时势，发生激烈的反响，创为一种革命的政治哲学。他说：

大道废，有仁义；智慧出，有大伪；六亲不和，有孝慈；国家昏乱，有忠臣。

所以他主张：

绝圣弃智，民利百倍；绝仁弃义，民复孝慈；绝巧弃利，盗贼无有！

这是极端的破坏主义。他对于国家政治，便主张极端的放任。他说：

治大国若烹小鲜。（河上公注，烹小鱼不去肠，不去鳞，不敢挠，恐其糜也）

又说：

我无为而民自化，我好静而民自正，我无事而民自富，我无欲而民自朴。其政闷闷，其民醇醇；其政察察，其民缺缺。

又说：

太上，下知有之。其次，亲而誉之，其次，畏之。其次，侮之。信不足，焉有不信（焉，乃也）。犹兮其贵言（贵言，不轻易其言也。所谓“行不言之教”是也）。功成事遂，百姓皆谓我自然。

老子理想中的政治，是极端的放任无为，要使功成事遂，百姓还以为全是自然应该如此，不说是君主之功。故“太上，下知有之”，是说政府完全放任无为，百姓的心里只觉得有个政府的存在罢了；实际上是“天高皇帝远”，有政府和无政府一样。“下知有之”，《永乐大典》本及吴澄本，皆作“不知有之”；日本本作“下不知有之”，说此意更进一层，更明显了。

我述老子的哲学，先说他的政治学说，我的意思要人知道哲学思想不是悬空发生的。有些人说，哲学超于人类惊疑之念，以为人类目睹宇宙间万物的变化生灭，惊叹疑怪，要想寻出一个满意的解释，故产生哲学。这话未必尽然。人类的惊疑心可以产生迷信与宗教，但未必能产生哲学。人类见日月运行，雷电风雨，自然生惊疑心。但他一转念，便说日有日神，月有月神，雷有雷公，电有电母，天有天帝，病有病魔；于是他的惊疑心，便有了满意的解释，用不着哲学思想了。即如希腊古代的宇宙论，又何尝是惊疑的结果？那时代欧亚非三洲古国，如埃及、巴比伦、犹太等国的宗教观念和科学思想，与希腊古代的神话宗教相接触，自然起一番冲突，故发生“宇宙万物的本源究竟是什么”的问题。并不是泰尔史（Thales）的惊奇心忽然劈空提出这个哲学问题的。在中国的一方面，最初的哲学思想，全是当时社会政治的现状所唤起的反动。社会的阶级秩序已破坏混乱了，政治的组织不但不能救补维持，并且呈现同样的腐败纷乱。当时的有心人，目睹这种现状，要想寻一个补救的方法，于是有老子的政治思想。但是老子若单有一种革命的政治学说，也还算不得根本上的解决，也还算不得哲学。老子观察政治社会的状态，从根本上着想，要求一个根本的解决，遂为中国哲学的始祖。他的政治上的主张，也只是他的根本观念的应用。如今说他的根本观念是什么。

4. 老子论天道

老子哲学的根本观念是他的天道观念。老子以前的天道观念，都把天看作一个有意志，有知识，能喜能怒，能作威作福的主宰。试看《诗经》中说“有命自天，命此文王”（《大明》）；又屡说“帝谓文王”（《皇矣》），是天有意志。“天监在下”“上帝临汝”（《大明》）；“皇矣上帝，临下有赫。监观四方，求民之莫”（《皇矣》），是天有知识。“有皇上帝，伊谁云憎？”（《正月》），“敬天之怒，无敢戏豫。敬天之渝，无敢驰驱”（《板》），是天能喜怒。“昊天不佣，降此鞠讻。昊天不惠，降此大戾”（《节南山》）；“天降丧乱，降此蟊贼”。[1]（《桑柔》）；“天降丧乱，饥馑荐臻”（《云汉》），是天能作威作福。老子生在那种纷争大乱的时代，眼见杀人、破家、灭国等等惨祸，以为若有一个有意志知觉的天帝，决不致有这种惨祸。万物相争相杀，人类相争相杀，便是天道无知的证据。故老子说：

1 此处原文为“天降丧乱，灭我立王。降此蟊贼，稼穑卒痒”。——编者注。

天地不仁，以万物为刍狗。

这仁字有两种说法：第一，仁是慈爱的意思。这是最明白的解说。王弼说："地不为兽生刍而兽食刍，不为人生狗而人食狗。无为于万物，而万物各适其所用。"这是把不仁作无有恩意解。第二，仁即是"人"的意思。《中庸》说："仁者，人也。"《孟子》说："仁也者，人也。"刘熙《释名》说："人，仁也；仁，生物也。"不仁便是说不是人，不和人同类。古代把天看作有意志、有知识、能喜怒的主宰，是把天看作人同类，这叫做天人同类说（Anthropomorphism）。老子的"天地不仁"说，似乎也含有天地不与人同性的意思。人性之中，以慈爱为最普通，故说天地不与人同类，即是说天地无有恩意。老子这一个观念，打破古代天人同类的谬说，立下后来自然哲学的基础。

打破古代的天人同类说，是老子的天道观念的消极一方面。再看他的积极的天道论：

有物混成，先天地生，寂兮寥兮，独立而不改，周行而不殆，可以为天下母。吾不知其名，字之曰道，强为之名曰大。

老子的最大功劳，在于超出天地万物之外，别假设一个"道"。这个道的性质，是无声、无形；有单独不变的存在，又周行天地万物之中；生于天地万物之先，又却是天地万物的本源。这个道的作用，是

大道泛兮，其可左右。万物恃之以生而不辞，功成而不有，衣养

万物而不为主。

道的作用，并不是有意志的作用，只是一个“自然”。自是自己，然是如此，“自然”只是自己如此（谢著《中国哲学史》云：“自然者，究极之谓也。”不成话）。老子说：

道常无为而无不为。

道的作用，只是万物自己的作用，故说“道常无为”。但万物所以能成万物，又只是一个道，故说“而无不为”。

5. 论无

老子是最先发见“道”的人。这个“道”本是一个抽象的观念，太微妙了，不容易说得明白。老子又从具体的方面着想，于是想到一个“无”字，觉得这个“无”的性质、作用，处处和这个“道”最相像。老子说：

三十辐，共一毂，当其无，有车之用。埏埴以为器，当其无，有器之用。凿户牖以为室，当其无，有室之用。故有之以为利，无之以为用。

无即是虚空。上文所举的三个例，一是那车轮中央的空洞，二是器皿的空处，三是窗洞门洞和房屋里的空处。车轮若无中间的圆洞，便不能转动；器皿若无空处，便不能装物事；门户若没有空洞，便不能出入；房屋里若没有空处，便不能容人。这个大虚空，无形、无声；整个的不可分断，却又无所不在；一切万有若没有他，便没有用处。这几项性质，正合上文所说“寂兮寥兮，独立而不改，周行而不殆，可以为天下母”的形容。所以老子所说的“无”与“道”简直是一样的。所以他既说：

道生一，一生二，二生三，三生万物。

一方面又说：

天地万物生于有，有生于无。

道与无同是万物的母，可见道即是无，无即是道。大概哲学观念初起的时代，名词不完备，故说理不能周密。试看老子说“吾无以名之”“强名之”，可见他用名词的困难。他提出了一个“道”的观念，当此名词不完备的时代，形容不出这个“道”究竟是怎样一个物事，故用那空空洞洞的虚空，来说那无为而无不为的道。却不知道“无”是对于有的名词，所指的是那无形体的空间，如何可以代表那无为而无不为的“道”？只因为老子把道与无看作一物，故他的哲学都受这个观念的影响（庄子便不如此。老庄的根本区别在此）。

老子说：“天地万物生于有，有生于无。”且看他怎样说这无中生有的道理。老子说：

视之不见名曰夷，听之不闻名曰希，搏之不得名曰微。此三者不可致诘，故混而为一。其上不皦，其下不昧。绳绳不可名，复归于无物。是谓无状之状，无物之象，是谓惚恍。

又说：

道之为物，惟恍惟惚。惚兮恍兮，其中有象。恍兮惚兮，其中有物。

这也可见老子寻相当名词的困难。老子既说道是“无”，这里又说道不是“无”，乃是“有”与“无”之间的一种情境。虽然看不见，听不着，摸不到，但不是完全没有形状的。不过我们不能形容他，又叫不出他的名称，只得说他是“无物”；只好称他做“无状之状，无物之象”；只好称他做“恍惚”。这个“恍惚”，先是“无状之状，无物之象”，故说“惚兮恍兮，其中有象。”后来忽然从无物之象变为有物，故说“恍兮惚兮，其中有物”。这便是“天地万物生于有，有生于无”的历史。

6. 名与无名

中国古代哲学的一个重要问题，就是名实之争。老子是最初提出这个问题的人。他说：

惚兮恍兮，其中有象。恍兮惚兮，其中有物。窈兮冥兮，其中有精，其精甚真，其中有信。自古及今，其名不去，以阅（王弼本原作说。今刊本作阅，乃后人所改）众甫。吾何以知众甫之然（王本今作状，原本似作然）哉？以此。

这一段论名的原起与名的功用。既有了法象，然后有物。有物之后，于是发生知识的问题。人所以能知物，只为每物有一些精纯的物德，最足代表那物的本性（《说文》“精，择也。”择其特异之物德，故为之精。真字古训诚，训天，训身，能代表此物的特性，故谓之真），即所谓“其中有精，其精甚真，其中有信”。这些物德，如雪的寒与白，如人的形体官能，都是极可靠的知识上的信物。故说“其中有信”（《说文》“信，诚也。”又古谓符节为信）。这些信物都包括在那物的“名”里面。如说“人”，便可代表人的一切表德；说“雪”，便可代表雪的一切德性。个体的事物尽管生死存灭，那事物的类名，却永远存在。人生人死，而“人”名常在；雪落雪消，而“雪”名永存。故说“自古及今，其名不去，以阅众甫”。众甫即是万物。又说：“吾何以知众甫之然哉？以此。”此字指“名”。我们所以能知万物，多靠名的作用。

老子虽深知名的用处，但他又极力崇拜“无名”。名是知识的利器，老子是主张绝圣弃智的，故主张废名。他说：

道可道，非常道（俞樾说常通尚；尚，上也）。名可名，非常名。无名，天地之始。有名，万物之母。故常无，欲以观其妙；常有，欲以观其徼。（常无常有，作一顿。旧读两欲字为顿，乃是错的）

老子以为万有生于无，故把无看得比有重。上文所说万物未生时，是一种“绳绳不可名”的混沌状态。故说“无名，天地之始”。后来有象有信，然后可立名字，故说“有名，万物之母”。因为无名先于有名，故说可道的道，不是上道；可名的名，不是上名。老子又常说“无名之朴”的好处。无名之朴，即是那个绳绳不可名的混沌状态。老子说：

道常（常，尚也）无名朴。（五字为句，朴字旧连下读，似乎错了。）虽小，天下不敢臣[1]。侯王若能守之，万物将自宾。天地相合以降甘露（此八字既失韵，又不合老子哲学。疑系后人加入的话）。民莫之令而自均。始制有名，名亦既有，夫亦将知之（王弼今本之作止。下句同。今依河上公本改正。之、止古文相似，易误）。知之所以不治。（王弼本所作可，治字各本皆作殆。适按，王弼注云“始制官长，不可不立名分以定尊卑，故始制有名也。过此以往，将争锥刀之末，故曰名亦既有，夫亦将知止也。遂任名以号物，则失治之母也。故知止所以不殆也。”细看此注，可见王弼原本作“夫亦将知之，知之所以不治”；若作知止，则注中所引叔向谏子产的话，全无意思。注中又说“任名则失治之母”，可证殆本作治。注末殆字同。后世妄人因下文第十四章有“知止不殆”的话，遂把此章也改成“知止可以不殆”。又乱改王注知之为知止，所以不治为所以不殆，却忘了“失治之母”的治字，可以作证。不但注语全文可作铁证也。）

这是说最高的道是那无名朴。后来制有名字（王弼训始制为“朴散始为官长之时”，似乎太深了一层），知识遂渐渐发达，民智日多，

1　此处原文为“天下莫能臣也”。——编者注。

作伪行恶的本领也更大了。大乱的根源，即在于此。老子说：

古之为治者，非以明民，将以愚之。民之难治，以其智多。故以智治国，国之贼。不以智治国，国之福。

“民之难治，以其智多”，即是上文“夫亦将知之，知之所以不治”的注脚。

老子何以如此反对智识呢？大概他推想当时社会国家种种罪恶的根源，都由于多欲。文明程度越高，知识越复杂，情欲也越发展。他说：

五色令人目盲，五音令人耳聋，五味令人口爽，驰骋田猎令人心发狂，难得之货令人行妨。

这是攻击我们现在所谓文明文化。他又说：

天下皆知美之为美，斯恶已。皆知善之为善，斯不善已。故有无相生，难易相成；长短相较，高下相倾；音声相和，前后相随。是以圣人处无为之事，行不言之教。……不尚贤，使民不争。不贵难得之货，使民不为盗。不见（读现）可欲，使民心不乱。是以圣人之治，虚其心，实其腹；弱其志，强其骨：常使民无知无欲。

这一段是老子政治哲学的根据。老子以为一切善恶、美丑、贤不肖，都是对待的名词，正如长短、高下、前后等等。无长便无短，无前便无后，无美便无丑，无善便无恶，无贤便无不肖。故人知美是美的，便有丑的了；知善是善的，便有恶的了；知贤是贤的，便有不肖的了。平常那些赏善罚恶，尊贤去不肖，都不是根本的解决。根本的救济方法须把善恶美丑贤不肖一切对待的名词都消灭了，复归于无名之朴的混沌时代，须要常使民无知无欲。无知，自然无欲了。无欲，自然没有一切罪恶了。前面所引的“大道废，有仁义；智慧出[1]，有大伪；六亲不和，有孝慈；国家昏乱，有忠臣”和“绝圣弃智，绝仁弃义，绝巧弃利”，也都是这个道理。他又说：

道常无为而无不为。侯王若能守之，万物将自化。化而欲作（欲是名词，谓情欲也），吾将镇之以无名之朴。无名之朴，夫亦将无欲。不欲以静，天下将自定。

老子所处的时势，正是“化而欲作”之时。故他要用无名之朴来镇压。所以他理想中的至治之国，是一种

小国寡民，使有什伯人之器而不用（什是十倍，伯是百倍。文明进步，用机械之力代人工。一车可载千斤，一船可装几千人。这多是什伯人之器。下文所说“虽有舟舆，无所乘之；虽有甲兵，无所陈之”已释这一句）。使民重死而不远徙。虽有舟舆，无所乘之。虽有甲兵，无所陈之。使民复结绳而用之。甘其食，美其服，安其居，乐其俗。邻国

1　出自《道德经》第十八章，原文为“慧智出”。——编者注。

相望，鸡狗之声相闻，民至老死不相往来[1]。

这是“无名”一个观念的实际应用，这种学说，要想把一切交通的利器，守卫的甲兵，代人工的机械，行远传久的文字，……等等制度文物，全行毁除，要使人类依旧回到那无知无欲老死不相往来的乌托邦。

7. 无为

本篇第三节说老子对于社会政治有两种学说：一是毁坏一切文物制度；一是主张极端放任无为的政策。第一说的根据，上节已说过，如今且说他的无为主义。他把天道看作“无为而无不为”，以为天地万物，都有一个独立而不变，周行而不殆的道理，用不着有什么神道作主宰，更用不着人力去造作安排。老子的“天道”，就是西洋哲学的自然法（Law of Nature或译“性法”，非）。日月星的运行，动植物的生老死，都有自然法的支配适合。凡深信自然法绝对有效的人，往往容易走到极端的放任主义。如18世纪的英法经济学者，又如斯宾塞（Herbert Spencer）的政治学说，都以为既有了“无为而无不为”的天道，何必要政府来干涉人民的举动？老子也是如此。他说：

天之道，不争而善胜，不言而善应，不召而自来，绰然而善谋。天网恢恢，疏而不失。

1 此处“什伯人之器”原文为“什伯之器”，“使民复结绳而用之”原文为“使人复结绳而用之”。——编者注。

这是说“自然法”的森严。又说：

常有司杀者杀。夫代司杀者杀，是谓代大匠斫。夫代大匠斫者，希有不伤其手者矣。

这个“司杀者”，便是天，便是天道。违背了天道，扰乱了自然的秩序，自有“天然法”来处置他，不用社会和政府的干涉。若用人力去赏善罚恶，便是替天行道，便是“代司杀者杀”。这种代刽子手杀人的事，正如替大匠斫木头，不但无益于事，并且往往闹出乱子来。所以说：“民之难治，以其上之有为，是以难治。”所以又说：“天下多忌讳而民弥贫，……法令滋彰，盗贼多有。”所以他主张一切放任，一切无为。“损之又损，以至于无为，无为而无不为。”

8. 人生哲学

老子的人生哲学（旧称伦理学，殊未当）和他的政治哲学相同，也只是要人无知无欲。详细的节目是“见素抱朴，少私寡欲，绝学无忧”。他说：

众人熙熙，如享太牢，如登春台。我独泊兮其未兆，如婴儿之未孩。儡儡兮若无所归。众人皆有余，而我独若遗。我愚人之心也哉！沌沌兮，俗人昭昭，我独昏昏；俗人察察，我独闷闷。澹兮其若海，飂飂兮若无止。众人皆有以，而我独顽似鄙。我独异于人而贵食母。

别人都想要昭昭察察的知识，他却要那昏昏闷闷的愚人之心。此段所说的“贵食母”，即是前所引的“虚其心，实其腹”。老子别处又说“圣人为腹不为目”，也是此意。老子只要人肚子吃得饱饱的，做一个无思无虑的愚人；不愿人做有学问知识的文明人。这种观念，也是时势的反动。《隰有苌楚》的诗人说：

隰有苌楚，猗傩其枝。夭之沃沃，乐子之无知！

老子的意思，正与此相同。知识愈高，欲望愈难满足，又眼见许多不合意的事，心生无限烦恼，倒不如无知的草木，无思虑的初民，反可以混混沌沌，自寻乐趣。老子常劝人知足。他说：

知足不辱，知止不殆，可以长久。……罪莫大于可欲（孙诒让按，《韩诗外传》引可欲作多欲），祸莫大于不知足，咎莫大于欲得。故知足之足常足矣。

但是知足不是容易做到的。知识越开，越不能知足。故若要知足，除非毁除一切知识。

老子的人生哲学，还有一个重要观念，叫做“不争主义”。他说：

江海所以能为百谷王者，以善下之，故能为百谷王。……以其不争，故天下莫能与之争。

曲则全，枉则直，窪则盈。……夫唯不争，故天下莫与之争。[1]

上善若水，水利万物而不争。处众人之所恶，故几于道。

天下柔弱莫过于水，而攻坚强者莫之能胜。其无以易之。弱之胜强，柔之胜刚，天下莫不知，莫能行。

这种学说，也是时势的反动。那个时代是一个兵祸连年的时代。小国不能自保，大国又争霸权，不肯相下。老子生于这个时代，深知武力的竞争，以暴御暴，只有更烈，决没有止境。只有消极的软工夫，可以抵抗强暴。狂风吹不断柳丝，齿落而舌长存。又如最柔弱的水可以冲开山石，凿成江河。人类交际，也是如此。汤之于葛，太王之于狄人，都是用柔道取胜。楚庄王不能奈何那肉袒出迎的郑伯，也是这个道理。老子时的小国，如宋，如郑，处列强之间，全靠柔道取胜。故老子提出这个不争主义，要人知道柔弱能胜刚强；要人知道“夫唯不争，故天下莫与之争”。他教人莫要“为天下先”，又教人“报怨以德”。他要小国下大国，大国下小国。他说暂时吃亏忍辱，并不害事。要知“物或损之而益，或益之而损。……强梁者不得其死”。这句话含有他的天道观念。他深信“自然法”的“天网恢恢，疏而不失”，故一切得其自然。物或损之而益，或益之而损，都是天道之自然。宇宙之间，自有“司杀者杀”，故强梁的总不得好死。我们尽可逆来顺受，且看天道的自然因果罢。

（此文选自《中国哲学史大纲》，出版于1919年2月）

1　此处原文为“故天下莫能与之争”。——编者注。

庄子的名学与人生哲学

1. 庄子的名学

庄子曾与惠施往来。惠施曾说："万物毕同毕异：此之谓大同异。"但是惠施虽知道万物毕同毕异，他却最爱和人辩论，"终身无穷"。

庄周既和惠施来往，定然知道这种辩论。况且那时儒墨之争正烈，自然有许多激烈的辩论。庄周是一个旁观的人，见了这种争论，觉得两边都有是有非，都有长处，也都有短处。所以他说：

道恶乎隐而有真伪？言恶乎隐而有是非？道恶乎往而不存？言恶乎存而不可？道隐于小成，言隐于荣华，故有儒墨之是非，以是其所非而非其所是。（《齐物论》）

“小成”是一部分不完全的；“荣华”是表面上的浮词。因为所见不远，不能见真理的全体；又因为语言往往有许多不能免的障碍陷阱，以致儒墨两家各是其是而非他人所是，各非其非而是他人所非。其实都错了。所以庄子又说：

辩也者，有不见也。（同上）

又说：

大知闲闲（《简文》云：广博之貌），小知间间（《释文》云：有所间别也）。大言炎炎（李颐云：同是非也，今本皆作炎炎。《释文》云：李作淡。今从之），小言詹詹（李云：小辩之貌）。（同上）

因为所见有偏，故有争论。争论既起，越争越激烈，偏见便更深了。偏见越争越深了，如何能分得出是非真伪来呢？所以说：

既使我与若辩矣。若胜我，我不若胜，若果是也？我果非也耶？我胜若，若不我胜，我果是也？而果非也耶？其或是也，或非也耶？其俱是也，其俱非也耶？我与若不能相知也，则人固受其黮暗，吾谁使正之？使同乎若者正之，既与若同矣，恶能正之？使同乎我者正之，既同乎我矣，恶能正之？使异乎我与若者正之，既异乎我与若矣，恶能正之；使同乎我与若者正之，既同乎我与若矣，恶能正之？然则我与若与人俱不能相知也，而待彼也耶？（同上）

这种完全的怀疑主义，和墨家的名学恰成反对。《墨辩·经上》说：

辩，争彼也。辩胜，当也。《经说》曰：辩，或谓之牛，（或）谓之非牛。是争彼也。是不俱当。不俱当，必或不当。

《经下》说：

谓辩无胜，必不当，说在辩。《经说》曰：谓，非谓非同也，则异也。同则或谓之狗，其或谓之犬也。异则（马）或谓之牛，牛或谓之马也。俱无胜，是不辩也。辩也者，或谓之是，或谓之非。当也者胜也。

辩胜便是当，当的终必胜：这是墨家名学的精神。庄子却大不以为然。他说你就胜了我，难道你便真是了，我便真不是了吗？墨家因为深信辩论可以定是非，故造出许多论证的方法，遂为中国古代名学史放一大光彩。庄子因为不信辩论可以定是非，所以他的名学的第一步只是破坏的怀疑主义。

但是庄子的名学，却也有建设的方面。他说因为人有偏蔽不见之处，所以争论不休。若能把事理见得完全透彻了，便不用争论了。但是如何才能见到事理之全呢？庄子说：

欲是其所非而非其所是，则莫若以明。（《齐物论》）

“以明”，是以彼明此，以此明彼。郭象注说：“欲明无是无非，则莫若还以儒墨反复相明。反复相明，则所是者非是，而所非者非非。非非则无非，非是则无是。”庄子接着说：

物无非彼，物无非是。自彼则不见，自知则知之。故曰：彼出于是，是亦因彼，彼是方生之说也。虽然，方生方死，方死方生。方可方不可，方不可方可。因是因非，因非因是。是以圣人不由而照之于天，亦因是也。是亦彼也，彼亦是也，彼亦一是非，此亦一是非。果且有彼是乎哉？果且无彼是乎哉？

这一段文字极为重要。庄子名学的精义全在于此。“彼”即是“非是”。“是”与“非是”，表面上是极端相反对的。其实这两项是互相成的。若没有“是”，更何处有“非是”？因为有“是”，才有“非是”。因为有“非是”，所以才有“是”。故说：“彼出于是，是亦因彼。”《秋水》篇说：

以差观之，因其所大而大之，则万物莫不大；因其所小而小之，则万物莫不小。知天地之为稊米也，知毫末之为丘山也，则差数睹矣。

以功观之，因其所有而有之，则万物莫不有；因其所无而无之，则万物莫不无。知东西之相反而不可以相无，则功分定矣。

以趣观之，因其所然而然之，则万物莫不然；因其所非而非之，则万物莫不非。知尧桀之自然而相非，则趣操睹矣。

东西相反而不可相无，尧桀之自是而相非，即是“彼出于是，是亦因彼”的明例。“东”里面便含有“西”，“是”里面便含有“非是”。东西相反而不可相无，彼是相反而实相生相成。所以《齐物论》接着说：

彼是莫得其偶，谓之道枢（郭注：偶，对也。彼是相对而圣人两顺之。故无心者，与物冥而未尝有对于天下）。枢始得其环中，以应无穷。是亦一无穷，非亦一无穷也。故曰：莫若以明。

这种议论，含有一个真理。天下的是非，本来不是永远不变的。世上无不变之事物，也无不变之是非。古代用人为牺牲，以祭神求福，今人便以为野蛮了。古人用生人殉葬，今人也以为野蛮了。古人以蓄奴婢为常事，如今文明国都废除了。百余年前，中国士夫喜欢男色，如袁枚的《李郎曲》，说来津津有味，毫不以为怪事，如今也废去了。西方古代也尚男色，哲学大家柏拉图于所著《一席话》（*Symposium*）也畅谈此事，不以为怪。如今西洋久已公认此事为野蛮陋俗了。这都是显而易见之事。又如古人言“君臣之义无所逃于天地之间”，又说“不可一日无君”。如今便有大多数人不认这话了。又如古人有的说人性是善的，有的说是恶的，有的说是无善无恶可善可恶的，究竟谁是谁非呢？……举这几条，以表天下的是非也随时势变迁，也有进化退化。这便是庄子“是亦一无穷，非亦一无穷”的真义。《秋水》篇说：

昔者尧舜让而帝，之哙让而绝；汤武争而王，白公争而灭。由此观之，争让之礼，尧桀之行，贵贱有时，未可以为常也。……故曰："盖师是而无非，师治而无乱乎？"是未明天地之理万物之情者也。……帝王殊禅，三代殊继。差其时，逆其俗者，谓之篡夫。当其时，顺其俗者，谓之义之徒。

这一段说是非善恶随时势变化，说得最明白。如今的人，只是不明此理，所以生在20世纪，却要去摹仿那四千年前的尧舜；更有些人，教育20世纪的儿童，却要他们去学做二三千年前的圣贤！

这个变化进化的道德观念和是非观念，有些和德国的海智尔[1]相似。海智尔说人世的真伪是非，有一种一定的进化次序。先有人说"这是甲"，后有人说"这是非甲"，两人于是争论起来了。到了后来，有人说："这个也不是甲，也不是非甲。这个是乙。"这乙便是甲与非甲的精华，便是集甲与非甲之大成。过了一个时代，又有人出来说"这是非乙"，于是乙与非乙又争论起来了。后来又有人采集乙与非乙的精华，说"这是丙"。海智尔以为思想的进化，都是如此。今用图表示如下：

（1）这是"甲"。（2）这是"非甲"。（3）这是"乙"。
（4）这是"非乙"。（5）这是"丙"。（6）这是"非丙"。
（7）这是"丁"。

1　现多译为"黑格尔"。——编者注。

这就是庄子说的“彼出于是，是亦因彼。……是亦彼也，彼亦是也。……彼亦一是非，此亦一是非。……是亦一无穷，非亦一无穷也”。

以上所说，意在指点出庄子名学的一段真理。但是庄子自己把这学说推到极端，便生出不良的效果。他以为是非既由于偏见，我们又如何能知自己所见不偏呢？他说：

庸讵知吾所谓知之非不知邪？庸讵知吾所谓不知之非知邪？（《齐物论》）

吾生也有涯，而知也无涯。以有涯随无涯，殆已。（《养生主》）

计人之所知，不若其所不知；其生之时，不若未生之时。以其至小，求穷其至大之域，是故迷乱而不能自得也。（《秋水》）

“是亦一无穷，非亦一无穷”。我们有限的知识，如何能断定是非？倒不如安分守己听其自然罢。所以说：

可乎可，不可乎不可。道行之而成，物谓之而然。恶乎然？然于然。恶乎不然？不然于不然。物固有所然，物固有所可。无物不然，无物不可。故为是举莛与楹（司马彪云：莛，屋梁也。楹，屋柱也。故郭注云：夫莛横而楹纵）。厉与西施，恢诡谲怪，道通为一。其分也，成也。其成也，毁也。凡物无成与毁，复通为一。唯达者知通为一，为是不用而寓诸庸。庸也者，用也。用也者，通也。通也者，得也。适得而几矣。因是已。（《齐物论》）

这种理想，都由把种种变化都看作天道的运行。所以说："道行之而成，物谓之而然。"既然都是天道，自然无论善恶好丑，都有一个天道的作用。不过我们知识不够，不能处处都懂得是什么作用罢了。"物固有所然，物固有所可；无物不然，无物不可"，四句是说无论什么都有存在的道理，既然如此，世上种种的区别，纵横、善恶、美丑、分合、成毁……都是无用的区别了。既然一切区别都归无用，又何必要改良呢？又何必要维新革命呢？庄子因为能"达观"一切，所以不反对固有社会；所以要"不谴是非，以与世俗处"。他说："唯达者知通为一，为是不用而寓诸庸。"庸即是庸言庸行之庸，是世俗所通行通用的。所以说："庸也者，用也。用也者，通也。通也者，得也。"既为世俗所通用，自然与世俗相投相得。所以又说："适得而几矣，因是已。"因即是"仍旧贯"；即是依违混同，不肯出奇立异，正如上篇所引的话："物之生也，若驰若骤，无动而不变，无时而不移。何为乎？何不为乎？夫固将自化。"万物如此，是非善恶也是如此。何须人力去改革呢？所以说：

与其誉尧而非桀也，不如两忘而化其道。（《大宗师》）

这种极端"不谴是非"的达观主义，即是极端的守旧主义。

2.庄子的人生哲学

上文我说庄子的名学的结果，便已侵入人生哲学的范围了。庄子的人生哲学，只是一个达观主义。达观本有多种区别，上文所说，乃是对于是非的达观。庄子对于人生一切寿夭、生死、祸福，也一概达观，一概归到命定。这种达观主义的根据，都在他的天道观念。试看上章所引的话：

化其万化而不知其禅之者。焉知其所终？焉知其所始？正而待之而已耳。

因为他把一切变化都看作天道的运行；又把天道看得太神妙不可思议了，所以他觉得这区区的我哪有作主的地位。他说：

庸讵知吾所谓“天”之非“人”乎？所谓“人”之非“天”乎？

那《大宗师》中说子舆有病，子祀问他，“女恶之乎？”子舆答道：

亡。予何恶？浸假而化予之左臂以为鸡，予因以求时夜。浸假而化予之右臂以为弹，予因以求鸮炙。浸假而化予之尻以为轮，以神为马，予因而乘之，岂更驾哉？……且夫物不胜天，久矣，吾又何恶焉？

后来子来又有病了，子犁去看他，子来说：

父母于子，东西南北，唯命是从。阴阳于人，不翅于父母。彼近吾死而我不听，我则悍矣，彼何罪焉？夫大块载我以形，劳我以生，佚我以老，息我以死。故善吾生者，乃所以善吾死也。今大冶铸金，金踊跃曰："我且必为镆铘？"大冶必以为不祥之金。今一犯人之形而曰："人耳！人耳！"夫造化者必以为不祥之人。今一以天地为大炉，以造化为大冶，恶乎往而不可哉？

又说子桑临终时说道：

吾思夫使我至此极者而弗得也。父母岂欲吾贫哉？天无私覆，地无私载，天地岂私贫我哉？求其为之者而不得也。然而至此极者，命也夫！

这几段把"命"写得真是《大宗师》篇所说："物之所不得遁。"既然不得遁逃，不如还是乐天安命。所以又说：

古之真人，不知说生，不知恶死。其出不䜣，其入不距。翛然而往，翛然而来而已矣。不忘其所始，不求其所终。受而喜之，忘而复之。是之谓不以心捐（一本作捐，一本作楫）道，不以人助天。是之谓真人。

《养生主》篇说庖丁解牛的秘诀只是"依乎天理，因其固然"八个字。庄子的人生哲学，也只是这八个字。所以《养生主》篇说老聃死时，秦失道：

适来，夫子时也。适去，夫子顺也。安时而处顺，哀乐不能入也。

“安时而处顺”，即是“依乎天理，因其固然”，都是乐天安命的意思。《人间世》篇又说蘧伯玉教人处世之道，说：

彼且为婴儿，亦与之为婴儿。彼且为无町畦，亦与之为无町畦。彼且为无崖，亦与之为无崖。达之，入于无疵。

这种话初看去好像是高超得很。其实这种人生哲学的流弊，重的可以养成一种阿谀依违、苟且媚世的无耻小人；轻的也会造成一种不关社会痛痒，不问民生痛苦，乐天安命，听其自然的废物。

3.结论

庄子的哲学，总而言之，只是一个出世主义。因为他虽然与世人往来，却不问世上的是非、善恶、得失、祸福、生死、喜怒、贫富……一切只是达观，一切只要“正而待之”，只要“依乎天理，因其固然”。他虽在人世，却和不在人世一样，眼光见地处处都要超出世俗之上，都要超出“形骸之外”。这便是出世主义。因为他要人超出“形骸之外”，故《人间世》和《德充符》两篇所说的那些支离疏、兀者王骀、兀者申徒嘉、兀者叔山无趾、哀骀它、闉跂支离无脤、瓮盎大瘿，或是天生，或由人刑，都是极其丑恶残废的人，却都能自己不觉得残丑，别人也都不觉得他们的残丑，都和他们往来，爱敬他们。这便是能超出“形骸之外”。《德充符》篇说：

自其异者视之，肝胆楚越也。自其同者视之，万物皆一也。……物视其所一，而不见其所丧，视丧其足，犹遗土也。

这是庄子哲学的纲领。他只要人能于是非、得失、善恶、好丑、贫富、贵贱……种种不同之中，寻出一个同的道理。惠施说过：“万物毕同毕异，此之谓大同异。”庄子只是要人懂得这个道理，故说：“自其异者视之，肝胆楚越也。自其同者视之，万物皆一也。”庄子的名学和人生哲学，都只是要人知道“万物皆一”四个大字。他的“不谴是非”“外死生”、“无终始”“无成与毁”……都只是说“万物皆一”。《齐物论》说：

天下莫大于秋豪之末，而大山为小。莫寿乎殇子，而彭祖为夭。天地与我并生，而万物与我为一。

我曾用一个比喻来说庄子的哲学道：譬如我说我比你高半寸，你说你比我高半寸。你我争论不休，庄子走过来排解道：“你们二位不用争了罢，我刚才在那爱拂儿塔上[1]（Eiffel Tower 在巴黎，高九百八十四英尺有奇，为世界第一高塔）看下来，觉得你们二位的高低实在没有什么分别，何必多争，不如算作一样高低罢。”他说的“辩也者，有不见也”，只是这个道理。庄子这种学说，初听了似乎极有道理。却不知世界上学识的进步只是争这半寸的同异；世界上社会的维新、政治的革

1 现多译为“埃菲尔铁塔”。——编者注。

命，也只是争这半寸的同异。若依庄子的话，把一切是非同异的区别都看破了，说太山不算大，秋毫之末不算小；尧未必是，桀未必非：这种思想，见地固是“高超”，其实可使社会国家世界的制度习惯思想永远没有进步，永远没有革新改良的希望。庄子是知道进化的道理，但他不幸把进化看作天道的自然，以为人力全无助进的效能，因此他虽说天道进化，却实在是守旧党的祖师。他的学说实在是社会进步和学术进步的大阻力。

（此文选自《中国哲学史大纲》，出版于1919年2月）

孟子

1. 孟子考

孟轲，邹人。曾受业于子思的门人，孟子的生死年岁，颇不易考定。据明人所纂《孟子谱》，孟子生于周烈王四年四月二日，死于赧王二十六年十一月十五，年八十四。吕元善《圣门志》所纪年与《孟子谱》同。此等书是否有根据，今不可知。但所说孟子生于周烈王四年，颇近理（臧庸作《孟子年表》以己意移前四年，似可不必）。近人考证孟子见梁惠王时当为惠王后元十五年左右。

《史记》说在惠王三十五年，是不可信的。若孟子生在烈王四年（西历前372），则见惠王时年已五十余，故惠王称他为“叟”。至于他死的年，便不易定了。《孟子谱》所说，也还有理。若《孟子》书是他自己作的，则书中既称鲁平公的谥法，孟子定死在鲁平公之后。平公死在赧王十九年（《通鉴》作十八年），《孟子谱》说孟子死在赧王二十六年（西历前289），似乎相差不远。但恐《孟子》这书未必是他自己作的。

2. 论性

孟子同时有几种论性的学说。《告子》篇说：

告子曰："性无善无不善也。"或曰："性可以为善，可以为不善。是故文武兴则民好善，幽厉兴则民好暴。"或曰："有性善，有性不善。是故以尧为君而有象，以瞽瞍为父而有舜。"……今曰性善，然则彼皆非与？

孟子总答这三条说道：

乃若其情（翟灏《孟子考异》引《四书辨疑》云："下文二才字与此情字上下相应，情乃才字之误。"适按：孟子用情字与才字同义。《告子》篇"牛山之木"一章中云："人见其濯濯也，以为未尝有才焉，此岂山之性也哉。"又云："人见其禽兽也，而以为未尝有材焉，此岂人之情也哉。"可以为证），则可以为善矣。乃所谓善也。若夫为不善，非才之罪也。恻隐之心，人皆有之。羞恶之心，人皆有之。恭敬之心，人皆有之。是非之心，人皆有之。恻隐之心，仁也。羞恶之心，义也。恭敬之心，礼也。是非之心，智也。仁义礼智非由外铄我也，我固有之也，弗思耳矣。故曰求则得之，舍则失之。或相倍蓰而无算者，不能尽其才者也。

这一段可算得孟子说性善的总论。《滕文公》篇说："孟子道性善，言必称尧舜。"此可见性善论在孟子哲学中可算得中心问题。如今且仔细把他说性善的理论分条陈说如下：

（1）人的本质同是善的　上文引《孟子》一段中的"才"便是材料的材。孟子叫做"性"的，只是人本来的质料，所以孟子书中"性"字、"才"字，"情"字可以互相通用（参看上节情字下的按语。汉儒董仲舒《春秋繁露·深察名号》篇曰："如其生之自然之资，谓之性。性者，质也。"又曰："天地之所生，谓之性情。……情亦性也。"可供参证）。孟子的大旨只是说这天生的本质，含有善的"可能性"。如今先看这本质所含是哪几项善的可能性。

（甲）人同具官能　第一项便是天生的官能。孟子以为无论何人的官能，都有根本相同的可能性。他说：

故凡同类者，举相似也。何独至于人而疑之？圣人与我同类者。故龙子曰："不知足而为屦，我知其不为蒉也。"屦之相似，天下之足同也。口之于味，有同耆也。易牙先得我口之所耆者也。如使口之于味也，其性与人殊，若犬马之与我不同类也，则天下何耆皆从易牙之于味也？至于味，天下期于易牙，是天下之口相似也。惟耳亦然，至于声，天下期于师旷，是天下之耳相似也。惟目亦然。……故曰口之于味也，有同耆焉。耳之于声也，有同听焉。目之于色也，有同美焉。至于心，独无所同然乎？心之所同然者，何也？谓理也，义也。圣人先得我心之所同然耳。故礼义之悦我心，犹刍豢之悦我口。（《告子》）

（乙）人同具“善端”　董仲舒说（引书同上）：“性有善端，动之爱父母。善于禽兽，则谓之善。此孟子之善。”这话说孟子的大旨很切当。孟子说人性本有种种“善端”，有触即发，不待教育。他说：

人皆有不忍人之心。……今人乍见孺子将入于井，皆有怵惕恻隐之心：非所以内交于孺子之父母也；非所以要誉于乡党朋友也；非恶其声而然也。由是观之，无恻隐之心，非人也；无羞恶之心，非人也；无辞让之心，非人也；无是非之心，非人也。恻隐之心，仁之端也；羞恶之心，义之端也；辞让之心，礼之端也；是非之心，智之端也。人之有是四端也，犹其有四体也。（《公孙丑》。参看上文所引《告子》篇语。那段中，辞让之心，作恭敬之心，余皆同）。

（丙）人同具良知良能　孟子的知识论全是“生知”（Knowledge a priori）一派。所以他说四端都是“我固有之也，非由外铄我也”。四端之中，恻隐之心、羞恶之心和恭敬之心，都近于感情的方面。至于是非之心，便近于知识的方面了。孟子自己却不曾有这种分别。他似乎把四端包在“良知良能”之中；而“良知良能”却不止这四端。他说：

人之所不学而能者，其良能也。所不虑而知者，其良知也。孩提之童，无不知爱其亲也。及其长也，无不知敬其兄也。亲亲，仁也。敬长，义也。（《尽心》）

良字有善义。孟子既然把一切不学而能不虑而知的都认为

“良”，所以他说：

大人者，不失其赤子之心者也。（《离娄》）

以上所说三种（官能、善端及一切良知良能），都包含在孟子叫做“性”的里面。孟子以为这三种都有善的可能性，所以说性是善的。

（2）人的不善，都由于“不能尽其才”　人性既然是善的，一切不善的，自然都不是性的本质。孟子以为人性虽有种种善的可能性，但是人多不能使这些可能性充分发达。正如《中庸》所说：“惟天下至诚为能尽其性。”天下人有几个这样“至诚”的圣人？因此便有许多人渐渐的把本来的善性湮没了，渐渐的变成恶人。并非性有善恶，只是因为人不能充分发达本来的善性，以致如此。所以他说：

若夫为不善，非其才之罪也。……或相倍蓰而无算者，不能尽其才者也。

推原人所以“不能尽其才”的缘故，约有三种：

（甲）由于外力的影响　孟子说：

人性之善也，犹水之就下也。人无有不善，水无有不下。今夫水搏而跃之，可使过颡；激而行之，可使在山。是岂水之性哉？其势则然也。人之可使为不善，其性亦犹是也。（《告子》）

富岁子弟多赖，凶岁子弟多暴。非天之降才尔殊也。其所以陷溺其心者然也。今夫麰麦，播种而耰之，其地同，树之时又同，浡然而

生，至于日至之时，皆熟矣。虽有不同，则地有肥硗，雨露之养，人事之不齐也。（同上）

这种议论，认定外界境遇对于个人的影响，和当时的生物进化论颇相符合。

（乙）由于自暴自弃　外界的势力，还有时可以无害于本性。即举舜的一生为例：

舜之居深山之中，与木石居，与鹿豕游，其所以异于深山之野人者，几希。及其闻一善言，见一善行，若决江河，沛然莫之能御也（《尽心》）

但是人若自己暴弃自己的可能性，不肯向善，那就不可救了。所以他说：

自暴者，不可与有言也。自弃者，不可与有为也。言非礼义，谓之自暴也。吾身不能居仁由义，谓之自弃也。（《离娄》）

又说：

虽存乎人者，岂无仁义之心哉？其所以放其良心者，亦犹斧斤之于木也。旦旦而伐之，可以为美乎？其日夜之所息，平旦之气，其好恶与人相近也者，几希。则其旦昼之所为，有梏亡之矣。梏之反覆，则其

夜气不足以存。夜气不足以存，则其违禽兽不远矣。人见其禽兽也，而以为未尝有才焉者，是岂人之情也哉？（《告子》）

（丙）由于"以小害大以贱害贵" 还有一个"不得尽其才"的原因，是由于"养"得错了。孟子说：

体有贵贱，有小大。无以小害大，无以贱害贵。养其小者为小人，养其大者为大人。（《告子》）

哪一体是大的贵的？哪一体是小的贱的呢？孟子说：

耳目之官不思，而蔽于物。物交物，则引之而已矣。心之官则思，思则得之，不思则不得也，此天之所与我者。先立乎其大者，则其小者不能夺也。此为大人而已矣。（《告子》）

其实这种议论，大有流弊。人的心思并不是独立于耳目五官之外的。耳目五官不灵的，还有什么心思可说？中国古来的读书人的大病根正在专用记忆力，却不管别的官能。到后来只变成一班四肢不灵、五官不灵的废物！

以上说孟子论性善完了。

3. 个人的位置

上章说，《大学》《中庸》的儒学已把个人位置抬高了，到了孟子更把个人看得十分重要。他信人性是善的，又以为人生都有良知良能和种种“善端”。所以他说：

万物皆备于我矣。反身而诚，乐莫大焉。（《尽心》）

更看他论“浩然之气”：

其为气也，至大至刚，以直养而无害，则塞于天地之间。（《公孙丑》）

又看他论“大丈夫”：

居天下之广居，立天下之正位，行天下之大道。得志与民由之，不得志独行其道。富贵不能淫，贫贱不能移，威武不能屈：此之谓大丈夫。（《滕文公》）

因为他把个人的人格，看得如此之重，因为他以为人性都是善的，所以他有一种平等主义。他说：

圣人与我同类者。（《告子》）
何以异于人哉？尧舜与人同耳。（《离娄》）
彼丈夫也，我丈夫也。吾何畏彼哉？（《滕文公》）
舜何人也，予何人也。有为者亦若是。（同上）

但他的平等主义，只是说人格平等，并不是说人的才智德行都平等。孟子很明白经济学上“分功”的道理。即如《滕文公》篇许行一章，说社会中“有大人之事，有小人之事”“或劳心、或劳力”，说得何等明白！

又如孟子的政治学说很带有民权的意味。他说：

民为贵，社稷次之，君为轻。

君之视民如土芥，则臣视君如寇仇。

这种重民轻君的议论，也是从他的性善论上生出来的。

4. 教育哲学

孟子的性善论，不但影响到他的人生观，并且大有影响于他的教育哲学。他的教育学说有三大要点，都于后世的教育学说大有关系。

（甲）自动的　孟子深信人性本善，所以不主张被动的和逼迫的教育，只主张各人自动的教育。他说：

君子深造之以道，欲其自得之也。自得之，则居之安。居之安，则资之深。资之深，则取之左右逢其原。故君子欲其自得之也。（《离娄》）

《公孙丑》篇论养气的一段，可以与此印证：

必有事焉而勿正。心勿忘，勿助长也。无若宋人然，宋人有悯其苗之不长而揠之者，芒芒然归，谓其人曰："今日病矣！予助苗长矣！"其子趋而往视之，苗则槁矣。天下之不助苗长者，寡矣。以为无益而舍之者，不耘苗者也。助之长者，揠苗者也。非徒无益，而又害之。

孟子说"君子之所以教者五"，那第一种是"有如时雨化之者"。不耘苗也不好，揠苗也不好，最好是及时的雨露。

（乙）养性的　人性既本来是善的，教育的宗旨只是要使这本来的善性充分发达。孟子说：

人之所以异于禽兽者几希，庶民去之，君子存之。（《离娄》）

教育只是要保存这"人之所以异于禽兽"的人性。《孟子》书中说此点最多，不用细举了。

（丙）标准的　教育虽是自动的，却不可没有标准。孟子说：

羿之教人射必至于彀，学者亦必至于彀。大匠诲人必以规矩，学者亦必以规矩。（《告子》）

又说：

大匠不为拙工改废绳墨，羿不为拙射废其彀率。君子引而不发，

跃如也。中道而立，能者从之。（《尽心》）

这标准的教育法，依孟子说来，是教育的最捷径。他说：

圣人既竭目力焉，继之以规矩准绳，以为方圆平直，不可胜用也。既竭耳力焉，继之以六律正五音，不可胜用也。（《离娄》）

前人出了多少力，才造出这种种标准。我们用了这些标准，便可不劳而得前人的益处了。这是标准的教育法的原理。

5. 政治哲学

孟子的政治哲学很带有尊重民权的意味，上文已略说过了。孟子的政治哲学与孔子的政治哲学有一个根本不同之处。孔子讲政治的中心学说是“政者，正也”，他的目的只要“正名”“正己”“正人”，以至于“君君、臣臣、父父、子子”的理想的郅治。孟子生在孔子之后一百多年，受了杨墨两家的影响（凡攻击某派最力的人，便是受那派影响最大的人。孟子攻杨墨最力，其实他受杨墨影响最大。荀子攻击辩者，其实他得辩者的影响很大。宋儒攻击佛家，其实若没有佛家，又哪有宋儒），故不但尊重个人，尊重百姓过于君主（这是老子、杨朱一派的影响。有这种无形的影响，故孟子的性善论遂趋于极端，遂成“万物皆备于我”的个人主义）；还要使百姓享受乐利（这是墨家的影响，孟子自不觉得）。孟子论政治，不用孔子的“正”字，却用墨子的“利”字。但他又不肯公然用“利”字，故用“仁政”两字。他对当时的君主说道："你好色也不妨，好货也不妨，好田猎也不妨，好游玩也不妨，好音乐也不妨。但是你好色时，须念国中有怨女旷夫；你好货时，须念国中穷人的饥寒；你出去打猎，作乐游玩时，须念国中的百姓有父子不相见，兄弟妻子离散的痛苦。总而言之，你须要能善推其所为，你须要行仁政。"这是孟子政治学说的中心点。这可不是孔子"正"字的政治哲学了。若用西方政治学的名词，我们可说孔子的是"爸爸政策"（Paternalism或译父性政策）；孟子的是"妈妈政策"（Maternalism或译母性政策）。爸爸政策要人正经规矩，要人有道德；妈妈政策要人快活安乐，要人享受幸福。故孟子所说如："五亩之宅，树之以桑，五十者可以衣帛矣。鸡豚狗彘之畜无失其时，七十者可以食肉矣。"这一类"衣帛食肉"的政治，简直是妈妈的政治。这是孔子、孟子不同之处（孔子有时也说富民，孟子有时也说格君心。但这都不是他们最注意的）。后人不知道这个区别代表一百多年儒家政治学说的进化，所以爸爸妈妈的分不清楚：一面说仁民爱物，一面又只知道正心诚意。这就是没有历史观念的大害了。

孟子的政治学说含有乐利主义的意味，这是万无可讳的。但他同时又极力把义利两字分得很严。他初见梁惠王，一开口便驳倒他的"利"字；他见宋牼，也劝他莫用"利"字来劝秦楚两国停战。细看这两章，可见孟子所攻击的"利"字只是自私自利的利。大概当时的君主官吏都是营私谋利的居多。这种为利主义，与利民主义绝相反对。故孟子说：

今之事君者曰："我能为君辟土地、充府库。"今之所谓良臣，

古之所谓民贼也！（《告子》）

庖有肥肉，厩有肥马，民有饥色，野有饿莩：此率兽而食人也！（《梁惠王》）

孟子所攻击的“利”，只是这种利。他所主张的“仁义”，只是最大多数的最大乐利。他所怕的是言利的结果必至于“上下交征利”；必至于“君臣父子兄弟终去仁义，怀利以相接”。到了“上下交征利”“怀利以相接”的地步，便要做出“率兽而食人”的政策了。所以孟子反对“利”的理由，还只是因为这种“利”究竟不是真利。

（此文选自《中国哲学史大纲》，出版于1919年2月）

墨子的哲学方法

儒墨两家根本上不同之处，在于两家哲学的方法不同，在于两家的“逻辑”不同。《墨子·耕柱》篇有一条最形容得出这种不同之处：

叶公子高问政于仲尼，曰：“善为政者若之何？”仲尼对曰：“善为政者，远者近之，而旧者新之。”（《论语》作“近者悦，远者来。”）

子墨子闻之曰：“叶公子高未得其问也，仲尼亦未得其所以对也。叶公子高岂不知善为政者之远者近之而旧者新之哉？问所以为之若之何也。”

这就是儒墨的大区别，孔子所说是一种理想的目的，墨子所要的是一个“所以为之若之何”的进行方法。孔子说的是一个“什么”，墨子说的是一个“怎样”，这是一个大分别。《公孟》篇又说：

子墨子问于儒者，曰："何故为乐？"曰："乐以为乐也。"子墨子曰："子未我应也。今我问曰：'何故为室？'曰：'冬避寒焉，夏避暑焉，室以为男女之别也。'则子告我为室之故矣。今我问曰：'何故为乐？'曰：'乐以为乐也。'是犹曰：'何故为室？'曰：'室以为室也。'"

儒者说的还是一个"什么"，墨子说的是一个"为什么"。这又是一个大分别。

这两种区别，皆极重要。儒家最爱提出一个极高的理想的标准，作为人生的目标。如论政治，定说"君君、臣臣、父父、子子"；或说"近者悦，远者来"；这都是理想的目的，却不是进行的方法。如人生哲学则高悬一个"止于至善"的目的，却不讲怎样能使人止于至善。所说细目，如"为人君，止于仁；为人臣，止于敬；为人父，止于慈；为人子，止于孝；与国人交，止于信。"全不问为什么为人子的要孝，为什么为人臣的要敬；只说理想中的父子君臣朋友是该如此如此的。所以儒家的议论，总要偏向"动机"一方面。"动机"如俗话的"居心"。

孟子说的"君子之所以异于人者，以其存心也，君子以仁存心，以礼存心"。存心是行为的动机。《大学》说的诚意，也是动机。儒家只注意行为的动机，不注意行为的效果。推到了极端，便成董仲舒说的"正其谊不谋其利，明其道不计其功"。只说这事应该如此做，不问为什么应该如此做。

墨子的方法，恰与此相反。墨子处处要问一个"为什么"。例如造一所房子，先要问为什么要造房子。知道了“为什么”，方才可知道“怎样做”。知道房子的用处是“冬避寒焉，夏避暑焉，室以为男女之别”，方才可以知道怎样布置构造始能避风雨寒暑，始能分别男女内外。人生的一切行为，都是如此。如今人讲教育，上官下属都说应该兴教育，于是大家都去开学堂，招学生。大家都以为兴教育就是办学堂，办学堂就是兴教育，从不去问为什么该兴教育。因为不研究教育是为什么的，所以办学和视学的人也无从考究教育的优劣，更无从考究改良教育的方法。我去年回到内地，有人来说，我们村里，该开一个学堂。我问他为什么我们村里该办学堂呢？他说：某村某村都有学堂了，所以我们这里也该开一个。这就是墨子说的“是犹曰：何故为室？曰：室以为室也”的理论。

墨子以为无论何种事物、制度、学说、观念，都有一个“为什么”。换言之，事事物物都有一个用处。知道那事物的用处，方才可以知道他的是非善恶。为什么呢？因为事事物物既是为应用的，若不能应用，便失了那事那物的原意了，便应该改良了。例如墨子讲“兼爱”，便说：

用而不可，虽我亦将非之。且焉有善而不可用者？（《兼爱》下）

这是说能应“用”的便是“善”的；“善”的便是能应“用”的。譬如我说这笔“好”，为什么“好”呢？因为能中写，所以“好”。又如我说这会场“好”，为什么“好”呢？因为他能最合开会讲演的用，所以“好”。这便是墨子的“应用主义”。

应用主义又可叫做“实利主义”。儒家说：“义也者，宜也。”宜即是“应该”。凡是应该如此做的，便是“义”。墨家说：“义，利也。”（《经上》篇。参看《非攻》下首段）便进一层说，说凡事如此做去便可有利的即是“义”的。因为如此做才有利，所以“应该”如此做。义所以为“宜”，正因其为“利”。

墨子的应用主义所以容易被人误会，都因为人把这“利”字、“用”字解错了。这“利”字并不是“财利”的利，这“用”也不是“财用”的用。墨子的“用”和“利”都是指人生行为而言。如今且让他自己下应用主义的界说：

子墨子曰：“言足以迁行者常之，不足以迁行者勿常。不足以迁行而常之，是荡口也。”（《贵义》篇）

子墨子曰：“言足以复行者常之，不足以举行者勿常。不足以举行而常之，是荡口也。”（《耕柱》篇）

这两条同一意思。《说文》说：“迁，登也。”《诗经》有“迁于乔木”，《易》有“君子以见善则迁”，皆是“升高”“进步”之意，和“举”字“抬高”的意思正相同（后人不解“举”字之义，故把“举行”两字连读，作一个动词解。于是又误改上一“举”字为“复”字）。六个“行”字，都该读去声，是名词，不是动词。六个“常”字，都与“尚”字通用（俞樾解《老子》“道可道非常道”一章说如此）。“常”是“尊尚”的意思。这两章的意思，是说无论什么理论，什么学说，须要能改良人生的行为，始可推尚。若不能增进人生的行为，便不值得推尚了。

墨子又说：

今瞽曰：“钜者，白也（俞云，钜当作岂。岂者，皑之假字）。黔者，黑也。”虽明目者无以易之。兼白黑，使瞽取焉，不能知也。故我曰：“瞽不知白黑”者，非以其名也，以其取也。

今天下之君子之名仁也，虽禹汤无以易之。兼仁与不仁，而使天下之君子取焉，不能知也。故我曰：“天下之君子不知仁”者，非以其名也，亦以其取也。（《贵义》篇）

这话说得何等痛快？大凡天下人没有不会说几句仁义道德的话的，正如瞎子虽不曾见过白黑，也会说白黑的界说。须是到了实际上应用的时候，才知道口头的界说是没有用的。高谈仁义道德的人，也是如此。甚至有许多道学先生一味高谈王霸义利之辨，却实在不能认得韭菜和麦的分别。有时分别义利，辨入毫芒，及事到临头，不是随波逐流，便是手足无措。所以墨子说单知道几个好听的名词，或几句虚空的界说，算不得真“知识”。真“知识”在于能把这些观念来应用。

这就是墨子哲学的根本方法。后来王阳明的“知行合一”说，与此说多相似之点。阳明说：“未有知而不行者。知而不行，只是未知。”很像上文所说“故我曰：天下之君子不知仁者，非以其名也，亦以其取也”之意。但阳明与墨子有绝不同之处。阳明偏向“良知”一方面，故说：“尔那一点良知，是尔自家的准则。尔意念着处，他是便知是，非便知非。”墨子却不然，他的是非的“准则”，不是心内的良知，乃是心外的实用。简单说来，墨子是主张“义外”说的，阳明是主张“义内”说的（义外义内说见《孟子·告子》篇）。阳明的“知行合一”说，只是要人实行良知所命令。墨子的“知行合一”说，只是要把所知的能否实行，来定所知的真假，把所知的能否应用，来定所知的价值。这是两人的根本区别。

墨子的根本方法，应用之处甚多，说得最畅快的，莫如《非攻》上篇。我且把这一篇妙文，抄来做我的“墨子哲学方法论”的结论罢：

今有一人，入人园圃，窃其桃李，众闻则非之，上为政者得则罚之。此何也？以亏人自利也。至攘人犬豕鸡豚者，其不义又甚入人园圃窃桃李。是何故也？以亏人愈多，其不仁兹甚，罪益厚。至入人栏厩，取人牛马者，其不仁义又甚攘人犬豕鸡豚。此何故也？以其亏人愈多。苟亏人愈多，其不仁兹甚，罪益厚。至杀不辜人也。扡其衣裘，取戈剑者，其不义又甚入人栏厩取人马牛。此何故也？以其亏人愈多，苟亏人愈多，其不仁兹甚矣，罪益厚。当此天下之君子皆则弗知非，谓之“不义”。今至大为“不义”攻国，则弗之非，从而誉之，谓之“义”。此可谓知义与不义之别乎？杀一人，谓之不义，必有一死罪矣；若以此说往，杀十人，十重不义，必有十死罪矣；杀百人，百重不义，必有百死罪矣。当此，天下之君子皆知而非之，谓之“不义”。今至大为不义攻国，则弗之非，从而誉之，谓之“义”。情不知其不义也，故书其言以遗后世。若知其不义也，夫奚说书其不义以遗后世哉？今有人于此，少见黑曰黑，多见黑曰白，则以此人不知白黑之辩矣。少尝苦曰苦，多尝苦曰甘，则必以此人为不知甘苦之辩矣。今小为非则知而非之，大为非攻国，则不知而非，从而誉之，谓之义。此可谓知义与不义之辩乎？是以知天下之君子也，辩义与不义之乱也。

（此文选自《中国哲学史大纲》，出版于1919年2月）

哲学的将来（提要）

1. 哲学的过去

过去的哲学只是幼稚的、错误的或失败了的科学。

宇宙论——天文学、物理学、生物学、生物化学。

本体论——物理、化学、生物、物理化学、生物化学。

知识论——物理学、心理学、科学方法。

道德哲学——社会学、人类学、心理学、生物学、遗传学。

政治哲学——经济学、统计学、社会学、史学……

2. 过去的哲学学派只可在人类知识史与思想史上占一个位置，如此而已。

哲学既是幼稚的科学，自然不当自别于人类知识体系之外。

最早的Democritus以及Epicurus一派的元子论既可以在哲学史上占

地位，何以近世发明九十元子的化学家，与伟大的Mendelief 的元子周期律不能在哲学史上占更高的地位？[1]

最早乱谈阴阳的古代哲人既列在哲学史，何以三四十年来发现阴电子（Elcctron）的Thomson与发现阳电子（Proton）的Rutherford不能算作更伟大的哲学家？[2]

最早乱谈性善性恶的孟子、荀子既可算是哲学家，何以近世创立遗传学的George J.Mendel[3]不能在哲学史上占一个更高的地位？

最早谈井田均产的东西哲学家都列入哲学史，何以马克思、布鲁东、亨利乔治（Henry George）那样更伟大的社会学说不能在哲学史占更高的地位？

3. 哲学的将来

（1）问题的更换

问题解决有两途：

①解决了。②知道不成问题，就抛弃了。

凡科学已解决的问题，都应承受科学的解决。

凡科学认为暂时不能解决的问题，都成为悬案。

凡科学认为成问题的问题，都应抛弃。

1 “Democritus”指古希腊哲学家德谟克里特斯；“Epicurus”指古希腊哲学家伊壁鸠鲁；“Mendelief”指俄国科学家门捷列夫。——编者注。

2 “Thomson”指英国物理学家约瑟夫·汤姆森；“Rutherford”指新西兰物理学家欧内斯特·卢瑟福。——编者注。

3 “George J.Mendel”指奥地利科学家乔治·孟德尔。——编者注。

（2）哲学的根本取消

问题可解决的，都解决了。一时不能解决的，还得靠科学实验的帮助与证实。科学不能解决的，哲学也休想解决。即使提出解决，也不过是一个待证的假设，不足于取信现代的人。

故哲学家自然消灭，变成普通思想的一部分。在生活的各方面，自然总不免有理论家继续出来，批评已有的理论或解释已发现的事实，或指摘其长短得失，或沟通其冲突矛盾，或提出新的解释，请求专家的试验与证实。这种人都可称为思想家，或理论家。自然科学有自然科学的理论学，这种人便是将来的哲学家。

但他们都不能自外于人类的最进步的科学知识思想，而自夸不受科学制裁的哲学家。他们的根据必须是已证实的事实；自然科学的材料或社会科学的统计调查。他们的方法必须是科学实验的方法。

若不如此，但他们不是将来的思想家，只是过去的玄学鬼。

将来只有一种知识，科学知识。

将来只有一种知识思想的方法：科学证实方法。

将来只有思想家，而无哲学家：他们的思想，已证实的便成为科学的一部分，未证实的叫做待证的假设（Hypothesis）。

（1929年6月3日于上海大同大学的演讲）

思想的方法

一个人的思想，差不多是防身的武器，可以批评什么主义，可以避免一切纷扰。我们人总以为思想只有智识阶级才有，可是这是不尽然的；有的时候，思想不但普通人没有，就是学者也没有。普通人每天做事，吃饭，洗脸，漱口……都是照着习惯做去，没有思想的必要，所以不能称为有思想；就是关着窗子，闭着门户，一阵子的胡思乱想，也绝对不是思想的本义。原来思想是有条理，有系统，有方法的。

我们遇着日常习惯的事，总是马马虎虎的过去；及至有一个异乎平常的困难发生，才用思想去考虑和解决。譬如学生每天从宿舍到课堂，必须经过三岔路和电车站，再走过二行绿荫荫的柳树，和四层楼的红房子，然后才至课堂。这在每天来往的学生，是极平常而不注意的事；但要是一个新考进来的学生，当他到了三岔路口的辰光，一定有一个问题发生：就是在这三条路中，究竟打那一条路走能到目的地？那个时候，要解决这个困难，思想便发生了。

要管理我们的思想，照心理学上讲，须要用五种步骤：

1. 困难的发生

人必遇有歧路的环境或疑难问题的时候，才有思想发生。倘无困难，决不会发生思想。

2. 指定困难的所在

有的困难是很容易解决的，那就没有讨论和指定困难的所在的必要。要是像医生的看病，那就有关人命了。我们遇着一个人生病的时光，往往自己说不出病之所在；及至请了医生来，他诊了脉搏，验了小便，就完了事；后来吃了几瓶药水，就能够恢复原状。他所以能够解决困难，和我们所以不能解决困难的不同点，就在能否指定和认清困难之所在罢了。

3. 假设解决困难的方法

这就是所谓出主意了。像三岔路口的困难者，他有了主意，必定向电车站杨柳树那边跑。这种假说的由来，多赖平日的知识与经验。语云："养兵千日，用在一朝。"我们求学亦复如此。这一步实是最重要的一步。要是在没有思想的人，他在脑袋中，东也找不到，西也找不到，虽是他在平常，能够把书本子倒背出来；可是没有观察的经验，和考虑的能力，一辈子的胡思乱想，终是不能解决困难的啊。

但是也有人，因为学识太足了，经验太富了，到困难来临的时候，脑海中同时生了许多不同的解决方法；有的时候，把对的主意，给个人的感情和嗜好压了下去，把不对的主意，反而实行了。及后铸成大错，追悔莫及。所以思想多了，一定还要用精密谨慎的方法，去选定一个最好的主意。

4. 判断和选定假设之结果

假若我脑海中有了三种主意：第一主意的结果是A.B.C.D，第二主意的结果是E.F.G，第三主意的结果是H.I，那个时候，就要考虑他三个结果的价值和利害；然后把其中最容易而准确的结果设法证明。

还有我们做事，往往用主观的态度，而不用客观的态度；这就是我们常说的："某人说话，不负责任"的解释了。

此次五卅惨案，也有许多激烈的青年，主张和英国宣战，他们没有想到战争时，和战争后，政治上，商业上，交通上，经济上，军事上的一切设备和结果。他们只知唱高调，不负责任的胡闹，只被成见和一时感情的冲动所驱使，没有想到某种条件有某种结果，和某种结果有没有解决某种条件的可能。

5. 证实结果

既已择定一个解决困难的方法，再要实地实验，看他实效的如何以定是非与价值。遇有事实不易在自然界发生的，则用人力造成某种条件以试验之。例如欲知水是否为轻养[1]二原素所构成，此事在自然界不易发生，于是以人力合二原质于一处，加以热力，考察是否能成水。更

1　即氢氧两种化学元素。——编者注。

以水分析之，看能否成轻养二原素，即从效果上来证实水的成分。

从前我的父亲有一次到满洲去勘界。一天到了一个大森林，走了多天，竟迷了路；那个时候干粮也吃完了，马也疲乏了，在无可如何的时光，他爬上山顶，登高一望，只见翠绿的树叶，弥漫连续，他用来福枪放起来，再把枯树焦叶烧起来，可是等了半天，连救援人的影踪也找不到。他便着急起来了，隔一回儿，他想起从前古书里有一句话，叫做“水必出山”。他便选定了这个办法，找到了河，遵了河道，走了一日夜，竟达到了目的地。

又有一例。禅宗中有一位烧饭的，去问他的大法师道：“佛法是什么？”那大法师算了半天，才回答道：“上海的棉花，二个铜子一斤。”烧饭的便说道：“我问你的是佛法，你答我的是棉花，这真是牛头不对马面了。”隔了三年，他到了杭州的灵隐寺去做烧饭，他又乘便问那主持的和尚道：“佛法是什么？”那主持和尚道：“杭州的棉花，也是二个铜子一斤。”他更莫名其妙；于是他便跑到普陀山，峨眉山……途中饱尝了饥渴盗匪之苦，问了许多和尚法师，竟没有得到一个圆满的解决。有一天，他到了一个破庙房，碰到一个老年的女丐，口中咿唔的在自语着，他在不知不解间，听得一句不相干的话，忽然间竟觉悟了世界上怎样的困难，他也就明白了“佛法是什么”。他在几十年中所怀的闷葫芦，一旦竟明白了，不是偶然的。这就是孟子所说“资之深，则取之左右逢其源”，只要把自己的思想运用，把自己的脑筋锻炼，那么，什么东西都可以迎刃而解了！

在宋朝有一个和尚，名叫法贤，人家称他做五祖大师，他最喜欢讲笑话。他讲：从前有一个贼少爷，问贼老爷道：“我的年纪也大了，也不能天天玩耍了，爹爹也可以教我一点立身之道吗？”那贼老爷并不回答他，到了晚上，导他到一座高大的屋宇，进了门，便把自己身边的钥匙，开了一个很大的衣橱，让他的儿子进去，待到贼少爷跨进衣橱，贼老爷把橱门拍的关上，并且锁着；自己连喊“捉贼，捉贼”的逃了。那时候，贼少爷在衣橱里是急极了，他想，“我的爹爹叫我来偷东西，那么他为什么把我锁在里边，岂不是叫他们活剥剥的把我捉住，送我到牢狱里去，尝铁窗风味吗？”可是他既而一想，“怎么样我可以出去？”便用嘴作老鼠咬衣服的声音，孜孜的一阵乱叫，居然有人给他开门了，他便乘着这个机会，把开门的人打倒，把蜡烛吹灭，等他仆人们来追赶他，他早已一溜烟的跑回家了。他看见父亲之后，第一声便问道：“你为什么把我关在橱里呢？”那贼老爷道：“我先要问你，你是怎么样出来的？”他便把实情一五一十的讲给贼老爷听，他听了之后，眉开眼笑的说道：“你也干得了！”要是这位贼少爷，在困难发生的时候，不用思想，他早已大声的喊道：“爹爹啊！不要关门啊”了。

我们读书不当死读，要讲合用；在书本之外，尤其要锻炼脑力，运用思想，和我的父亲，禅宗中的烧饭者和贼少爷一般无二。他们是能用有条理有系统有方法的思想，去解决他们的困难的。

我记得前几天有一个日本新闻记者问我：“现在中国青年的思想是什么？”我便很爽快的答道：“中国的青年，是没有思想的。”这一句话，我觉得有一点武断，并且很对不起我国的青年，可是我也有不得已的苦衷。当我在北京大学教论理学[1]的时光，我出了三个问题：

1 逻辑学的旧称。——编者注。

① 照你自己经验上讲，有何可称为思想的事实？

② 在福尔摩斯的侦探案中，用科学方法分析出来有何可称为思想的事实？

③ 在科学发明史上，有何可称为思想的事实？

到了后来，第二第三都能回答得很对，第一问题简直回答的不满十分之二，而他们所回答的，完全是答非所问，这便因为他们平时不注意于运用思想的缘故。

（原载于1926年1月5日《学生杂志》第13卷第1期）

东西文化之比较

01

近年来欧洲许多消极的学者，唱着这种论调：西方的物质文明业已破产，东方的精神文明将要兴起。去年我在德国的时候，有一个很渊博的学者和我说："东方文化是建筑在精神上面。甚至东方人的灵魂得救，都是以道德高下为选择的标准。轮回之说，不是如此吗？"这种言论，虽然是他们战后一种厌倦的心理；然而对于那些东方文化夸耀者，实足以助长其势焰。依我个人所见所闻，这种论调，也使西人对于他们自己那日见增长的文化，没有得着一种正确的观念。我草此文讨论东西之文化，就是想大家对于这两种文化有一种新的观念。

02

我是一个中国人，所以就从孔子讲起。依照孔子观象制器的理论，一切文化之起源是精神的，是从意象而生的。“见乃谓之象，形乃谓之器，制而用之谓之法，利用出入，民咸用之，谓之神。”孔子举出许多事实，证明这个理论。我们看见木头在水上浮，就发明了船；看见另一种木头可以沉入水内，就发明棺材坟墓以保存父母的遗体；看见雨水落在地下，就发明文字以记载事实，因为恐怕它们也像雨水一样落下不见了。

柏拉图与亚里士多德也有这种理论。人类的器具与制度都起源于意象，即亚里士多德所谓“法因”（formal causes），孔子，柏拉图，亚里士多德等都生于上古时代，那时并无所谓物质与精神的二元论，所以他们能够认清一切物体的后面都是有思想的。

实际上，没有任何文化纯粹是物质的。一切文化的工具都是利用天然的质与力，加以理智的解析，然后创造成功，以满足人的欲望，美感，好奇心等。我们不能说一把泥壶比较一首情诗要物质些，也不能说圣保罗礼拜堂比较武尔威斯洋房要精神些。最初钻木取火的时候，都以为这是一件属乎精神的事，所以大家都以为是一个伟大的神所发明的。中国太古神话时代的皇帝都是发明家，并不是宗教的领袖。譬如燧人氏发明火，有巢氏发明房屋，神农氏发明耕种与医药。

我们的祖先将一切器具归功于神是很对的。人是一种制造器具的动物，所以器具就构成了文化。火的发明是人类文化史中第一个新纪元，农业的发明是第二个，文字是第三个，印刷是第四个。中古时代世界各大宗教，从中国东海横行到英国，将世界的文化都淹没了。直到后来发明了望远镜、汽机、电气、无线电等，世界文化才到今日的地步。如果中古时代那些祭司们可称为“圣”，那么，伽利略（Galileo）、瓦特、斯蒂芬孙、模司（Morse）、柏尔（Bell）、爱迪生（Edison）、福特等，就可称为神，而与伯罗米修士（Prometheus）、卡德马斯（Caddmus）居于同等的地位了。他们可以代表人群中之最神圣者，因为他们能够利用智力，创造器具，促进文化。

一个民族的文化，可说是他们适应环境胜利的总和。适应环境之成败，要看他们发明器具的智力如何。文化之进步就基于器具之进步。所谓石器时代、铜器时代、钢铁时代、机电时代等，都是说明文化发展之各时期。各文化之地域的发展也与历史的发展差不多。东西文化之区别，就在于所用的器具不同。近二百年来西方之进步远胜于东方，其原因就是西方能发明新的工具，增加工作的能力，以战胜自然。至于东方虽然在古代发明了一些东西，然而没有继续努力，以故仍在落后的手工业时代，而西方老早就利用机械与电气了。

这才是东西文明真正的区别了。东方文明是建筑在人力上面的，而西方文明是建筑在机械力上面的。有一个美国朋友向我说：“美国每个男女老幼有二十五个以至三十个机械的奴仆替他当差，但是每个中国人只有四分之三的机械奴仆替他服务。”还有一个美国工程师说：“美国每人有三十五个看不见的奴仆替他做事。美国的工人，并不是工资的奴隶，而是许多工人的头目。”这就是东西文化不同之处。它们原来不过是进步之程度不同，后来时日久远，就变为两种根本不同的文化了。

03

1926年7月我到欧洲去的时候，路过哈尔滨。这城是俄国的租借地，从前不过是一个小小的镇市，但是现今就成为“中国北部之上海”了。离哈尔滨租界不远，另有一个中国的城市，这城市从前是一个村庄。我在这里游玩的时候，有一件事令我很注意：中国城里一切运输都是用黄包车或是其他用人力的车，但是在租界上这种车子不许通行。现在租界已收回中国，不过一切行政仍照俄国旧时办理。租界的交通，都是用电车汽车；如有人力车进入租界，就必须退出，而且不给车资。

那些夸耀东方精神文明者，对于这种种事实可以考虑考虑。一种文化容许残忍的人力车存在，其“精神”何在呢？不知什么是最低限度的工资，也不知什么工作时间的限制，一天到晚只知辛苦的工作，这还有什么精神生活呢？一个美国的工人可以坐他自己的汽车去上工，星期日带着一家人出去游山玩水，可以不花钱用无线电机听极好的音乐，可以送他的儿女到学校里去读书，那学校里有最好的图书馆试验室等。我们是否相信一个拖洋车的苦力的生活，比较美国的工人要精神化些道德化些呢？

除非我们真正感到人力车夫的生活是这样痛苦，这样有害于他们的身体，我们才会尊敬哈格理佛士（Hargreaves），卡特赖特（Cartwright），瓦特，福尔敦（Fulton），斯蒂芬孙，福特等。他们创造机器，使人类脱离痛苦，如现今东方民族所忍受的。

这种物质文明——机械的进步——才真正是精神的。机械的进步是利用智力创造机器，增加人类工作与生产的能力，以免徒手徒脚的劳苦而求生活。这样，我们才有闲余的时间与精力去欣赏较高的文化。如果我们要劳苦工作，才能够生存；那么我们就没有什么生活了，还有什么文化可言呢？凡够得上文化这名词，必须先有物质的进化为基础。二千六百年前管仲曾经说过：“衣食足而知荣辱，仓廪实而知礼义。”这并不是什么经济史观，乃是很简单的常识。我们试想想：一群妇女孩子们，提着竹篮，拿着棍子，围聚在垃圾堆中寻找一块破布或是煤屑，这叫做什么文明呢？在这种环境里能产生什么道德的精神的文明么？

那么，恐怕有人对于这种物质文明很低的民族，要谈到他们的宗教生活了。在此我不必讨论东方的各种宗教，它们最高的圣神也不过是些泥塑木雕的菩萨而已。不过我要问问：“譬如一个老年的叫化婆子，贫困得要死了，她死的时候口里还念着南无阿弥陀佛，深信自己一定能够到佛爷的西天那里去的。用一种假的信仰，去欺哄一个贫困的叫花子，使他愿意在困苦的生活中生存或死亡，这叫做道德文明精神文明吗？如果她生在另一种文化里，会到这种困苦的地步吗？”

不，绝对不是如此，人老了，不能抵抗自然的力量，才会接受那种催眠式的宗教。他很失望，不愿意奋斗，于是他设法自慰，宣言财富是可鄙的，穷困是荣幸的。这样的人，正像狐狸吃不着葡萄，而反说葡萄味苦一样。这种议论，差不多是说现世的生活没有什么价值，幸福的生活，还在来生。哲人们既宣传了这种思想，那些过激派更进而禁欲，自制，甚至自杀。西方的祭司们常常祈祷，禁食，在柱头上鞭笞自己。中国中古时代也有许多和尚祈祷，禁食，天天吃香油，甚至用油布捆着自己烧死，献给佛菩萨作为祭品。

世界的文化，就是为中古时代这种自弃的宗教所淹没了。一千余年之后，人类才打倒那种以困苦为中心的文化，而建设以生活为中心的新文化。现在我们环观四周，中古的宗教还存在，巍伟的教堂还存在，一切庙宇也还存在；但是何以我们对于人生的观念完全改变了呢？这种变迁，是因为人类近二百年来，发明了许多器皿与机器，以驾驭天然的财富与能力。利用这种机器，就可以节省人工，缩短距离，飞行空中，通过山岭，潜行海底，用电流来拖我们的车子，用“以太”来传我们的消息。科学与机械可以随意运用自然。人生逐渐舒适些，快乐些；人类对于自己的信仰心，也加大些。这样，人就把自己的命运，握在自己的手掌中了。有一个革命的诗人唱着：

我独战，独胜，独败；
我自由，毫无依赖；
我思想，终日无懈；
我死亡，何须基督替代？

这样，现代的新文化就产生了一种新的宗教——自立的宗教——与中古时代自弃的宗教完全相反。

04

我们都是历史的产儿，所以我们要了解现代各种文化，最好是与它们中古的历史背景相比较，就更易于明了。东西文化之成败，就是看它们能够脱离中古时代那种传统思想制度到什么程度。照我以上各段所讨论的，西方文化解脱中古文化之羁绊，可说是成功最大的；至于现代印度的文化，可说还是中古文化。在此两极端之中，其他东方各文化，其成功之程度，就各有高下不同了。

我们将日本与中国两相比较，对于这一点就更易于明了。一千二百年前，中国就开始反对佛教了。孔子之人道主义，老子之自然主义，都是极力反对中古之宗教的。八世纪时的大乘佛教变为禅宗，而禅宗不过是中国古代的自然主义而已。九世纪时，禅宗极力反对偶像，差不多与佛教脱离了。到了十一世纪，儒教又复兴。自此以后，佛教的势力，就逐渐消失了。因此，后来新起的儒教，成为学者的哲理，以理智的态度，“致知格物”。到了十七世纪中叶，学者对于一切研究考据，纯粹用科学的方法。凡文字版本历史等考据学，都必须以事实为根据。各学者既采用此种方法，以故中国近三百年的学术，极合乎科学的方法；而许多历史的科学，如文字学、版本学、汉学、古物学等，都极其发达。

中国虽则倡导人文主义，脱离宗教的羁绊，然而今日仍旧在落后的地位。她推翻了中古时代的宗教，但是对于大多人民的生活，仍旧没有什么改进。她善于利用科学方法，但是这方法只限于图籍方面。她的思想得了自由，但是她没有利用思想战胜物质的环境，使人民的日常生活也得自由。五百年的哲学思想，不能使中国逃出盗贼饥荒的灾害，以故十七世纪的学者，实在是灰心。于是他们不得不舍弃那空洞的哲学，而从事于他们所谓“有用的学识”。但是他们何尝梦想到这三百年来所用的苦工，虽则是用科学方法，仍不免只限于书本上的学识，而对于普通人民的日常生活，毫无补救呢？

至于日本呢，她很不客气地接受西方的机械文明，在很短的时期内，就造成了新式的文化。当培理（Perry）到日本的时候，她还是麻醉在中古文化里。对于西方文化，她起初还表示反抗，但不久就不得不开放门户而接受了。日人因着外人的凌辱蹂躏，于是奋起直追，制造枪炮，便利交通，极力生产，整顿政治；而对于中古的宗教封建制度等，都置之不理了。在五十年之中，日本不但一跃而为世界列强之一，而且解决了许多困难问题，为印度的佛教或中国的哲学所不能解决的。封建制度取消了，立宪政府起而代之，中古的宗教也立刻倒塌了。人力车是日本发明的，但是现今横滨东京等处的人力车，日渐减少。人力车之减少，并不是因为什么宗教的人道主义，也不是因为那些仁慈的太太们所组织的慈善机关，乃是因为“市内一圆”的福特车。国家既因着工业而富足兴盛，于是国内的文艺天才，乘机而起，产生了一种新的文学，与物质的进步并驾齐驱。日本现在有九十个专门科学的研究社；全国各工程师所组织的会社，共有三千会员。因着这许多人力与工具，东方就建筑了一个精神的文明。

这是怎么一回事，很易于明了。最初人类本身是制造器具的动物。发明新的器具，以胜过物质的环境，因而就构成了所谓文化。后来人类感觉得与自然奋斗太辛苦了，于是躲避在精神生活之下，而造成中古之黑暗时代。直到后来科学与机械兴起，大家才又恢复从前那种自信心，而产生现代西方的新文化。科学与机械传入日本，于是日本也构成了她的新文化。中国，印度，并其他东方各国，也必因着科学与机械，变为新文化的国家。

以上各节，已将现代西方机械文明之精神方面，详细说明。机械之所以为精神的，乃因其能解脱人生之困苦，使大众有享受快乐的机会。无论我们是否善于利用闲暇以寻求快乐，而专就利用机械以解脱困苦一层而论，就可说是精神的享乐。我们不能因为几个传教士被逼迫而烧死了，就咒诅上帝。

现在我们要讨论西方文明其他的精神方面。在此我不必谈什么艺术音乐文学，因为我们大概都可以承认西方的艺术与文学可以与东方的相颉颃，至于西方的音乐，就远胜于东方了。

我们先谈科学罢。无论我们对于精神生活的定义怎样，寻求知识是人类精神的需要，这是任何人不能否认的。但是古代的文明，都极力压制这种求知欲。照《圣经·创世纪》所讲，人类的堕落，并非因着女人，乃是因着求知的欲望。东方许多宗教，都以为无知则无欲，主张摒弃智识，服从天道。庄子说："吾生也有涯，而知也无涯，以有涯随无涯，殆已。"这些哲人大都回避求知的路，而致力于内省默坐修养等工夫，以寻求他们所谓深奥的智慧。还有些以为冥想可以与神相通。此外，佛教中所谓"四禅""六度"，也是如此。

1927年正月有一个埃及的僧侣在英格兰宣言东方的精神文明要高超些，因为他能够活埋在地下经过二点五十二分钟之久，仍旧可以复活。他比较大魔术家胡丁黎（Houdini）多能支持八十二分钟，但是戏院没有允许他表演，因为戏院的老板恐怕观众不能忍耐等待三点钟之久。

其实，这并不是什么精神文明。现在东方许多苦行僧，也能够表演这种伎俩。许多下等动物在蛰伏时期不是与这个一样么？至于那些科学家，用严格研究与实验的方法，发现自然的秘密，实在是真正精神的快乐。不下一番工夫，不利用观察，只知一味的偷懒，确实是找不着什么真理的。科学可以训练我们的脑力，供给我们好的工具与方法。智识虽然无限，但科学家并不失望，因为不断的努力，日积月累，就可以对于自然逐渐明了。一次的成功，就有一次的进步，也就有一次的精神快乐。阿基米得（Archimedes）去洗澡的时候，忽然解释了他所疑难的问题，他快乐得不知所措，赤着身子跑到街上四处喊叫。许多科学家，如伽利略，牛顿，巴士特，爱迪生等，每次有什么新发现的时候，都感觉得无上的精神快乐。至于那些古代冒名的先知们，自己以为用内省的工夫，可以寻求高深的智识，对于这种精神的快乐，完全没有经验过。

那些旧式宗教的信徒们所谓精神快乐者，就不外乎自行催眠的法术。十七世纪时中国有一个革命的哲学家颜元（1635—1705），有一段事实纪载他个人精神的快乐："甲辰五月夏至前四日，思故人，引仆控騾，被绵褐衣，驮麦里左。仆稞，独至柳下，铺褐坐息。仰目青天，和风泠然，白云散聚，遂朗吟云澹风轻之句，不觉心泰神逸；覆空载厚，若天地与我外，更无一事物。微闭眸视之，浓叶蔽日，碧绿罗裹，宝珠光耀，在隐露间，苍蝇绕飞，闻其声不见其形，如跻虞廷听九韶奏也。"后来颜元反对空洞的儒教，在北方倡导力行主义，不过他把上面这一段记载，存留在他的集子里，以证明那种半宗教式的哲学思想，是空虚的，自欺欺人的。

科学之最精神的处所，是抱定怀疑的态度；对于一切事物，都敢于怀疑，凡无真凭确据的，都不相信。这种态度虽然是消极的，然而有很大的功劳，因为这态度可以使我们不为迷信与威权的奴隶。怀疑的态度是建设的，创造的，是寻求真理的唯一途径。怀疑的目的，是要胜过疑惑，而建立一个新的信仰。它不只是反对旧的信仰、而且引起了许多新的问题，促成了许多新的发明。许多大科学家的传记，如达尔文，赫胥黎，巴士特，科和（Koch）等，都贯注着这种“创造的怀疑”的精神，足以感悟后人。中古的圣徒基于信仰，现代的科学家则基于怀疑。

05

但是现代西方文明最精神的处所，还是在它的新宗教。这宗教无适当的名称，暂称之为“民治的宗教”。现代文明并非始于宗教，但结果造成了一种新的宗教；也无所谓道德，但是产生了一种新的道德标准。老实说，十五六世纪欧洲的列强，可说是强盗式的国家。当时的大英雄如哥仑布，麦哲伦，德类克[1]（Drake）等，都是一些大海盗，乘风破浪以求金银财宝。他们这种冒险事业，都有政府为他们的经济后盾，而他们在外的荣辱，也与国体相关。他们的宗教，原是讲博爱的；他们的道德标准，原是惩责劫掠的，但是这些探险家并不理会这样的宗教与道德。

这种抢劫的行为，开辟了许多移殖通商的新大陆，增加了欧洲列强的财富与威势，激动了许多人发明与制造的热诚。接着就是工业革命，将产生的方法完全改变，各国的生产能力突然倍增。物质的享乐既然增高，就产生了许多中产阶级，而同时大家的想象力与同情心也扩大了。这样，大家都能掌握自己将来的命运，增加对于自己的信仰心，而

1　哥仑布现多译为“哥伦布”，德类克现多译为“德雷克”。——编者注。

各种社会意识，社会道德也应运而生了。以上种种，都造成了民治主义的新宗教。我所谓新宗教，就是十八世纪理想的个人主义，以及近百年的社会主义。

十八世纪的新信条是自由、平等、博爱。这新宗教到了十九世纪中叶就变为社会主义。这些新趋势，都是旧文化时所未曾梦想到的。不错，东方的宗教也谈什么博爱，什么土地与财产均分，但这些都不过是纸上谈兵，与实际的社会生活或政治组织毫不相关。

西方便不同了。自由、平等、博爱是法美及一八四八年各国革命的口号；以后的革命，也莫不如此。各新起共和国的宪法，都贯注着这种精神。这口号打倒了君王，帝国，贵族；实现了人群在法律上的平等，思想言论出版信仰的自由；并且解放了妇女，普及了教育。

社会主义可说是补充早期民治主义之个人思想的，是民治运动进程中之一部分。到了十九世纪中叶，经济的组织逐渐复杂，资本集中，以故从前的放任主义，不能达到平等自由的目的。大家反对义务教育，因其侵犯个人自由；反对劳资法及工厂法，因其专为某阶级的法律。近代经济组织既已改变，也必须有一种新的社会及政治哲学以适应此种新组织的需要。因此，一切社会主义运动，除掉什么经济史观阶级斗争的理论之外，不过是用社会群众或政府的力量，以求大多数最大的幸福。这运动大概可分为两大支流。一就是组织工会，用团体交涉或罢工的方法，以增进劳动阶级的利益。一就是用政府的力量，调和阶级斗争，而同时设法实行社会主义的思想，如征收遗产税及所得税，强迫工人保险，限制工作时间，制订最低工资等等。无论是用那种方法，以前许多看为很危险的社会主义思想，现在都实现在各新进国家的法律上或政策上了。我们虽然可以相信财产所有权是神圣的，但是实际上遗产税与所得税已成为各政府收入之一大宗了。英国是资本主义的大本营，但是英国的劳工党曾经组织过政府，而且不久仍有登台的希望。美国是极力主张个人自由的，但是美国政府还是强迫禁酒。现今的世界，已不知不觉的趋于社会主义之途了。

这种民治的宗教，不是专为个人的自由，也不是专为别人的自由，乃是设法使个个男女都能得自由。除了用科学与机械增高个人的快乐之外，还要利用制度与法律使大多数人都能得着幸福的生活——这就是西方最伟大的精神文明。我可以问问：妇女解放，民治政体，普及教育等，是否从东方的精神文明产生出来的呢？焚烧孀妇，容忍阶级制度，妇女缠足，凡此种种，是否精神文明呢？

06

现在我们将精神文明（spiritual civilization）物质文明（material civilization）唯物文明（materialistic civilization）等名词，作为本篇的结论。物质文明兼有物体与思想两意义，因为一切器具都是思想的表现。西方的汽车文明固然是物质文明，而东方的独轮车文明就不能说不是物质文明。现今大都将唯物文明这名词加在现代西方文明上面，但我想这名词加在落后的东方文明上还较为恰当。唯物文明的意思，是为物质所限，不能胜过物质；如东方不能利用智力，战胜物质环境，改进人群的生活。东方的圣贤，劝人知足，听天由命，昏天黑地的敬拜菩萨；这种催眠式的哲学，比较他们自己所住的房子，所吃的食物，所拜的偶像，还要偏于唯物了。

反之，如果某种文化能够利用智力，征服自然，脱离迷信蒙昧，改进一切社会政治制度，以为人类最多数的幸福——这才是真正的精神文明，这种文化将来还要继续增长进步，不过它的进步，不会转向东方精神文明的途径，而是照着它已往所走的途径，继续进行。

十九、九、二十八

（始作于1926年）

送给青年朋友的思想方法[1]

我在这十年之中，出版了三集《胡适文存》，约计有一百四五十万字。我希望少年学生能读我的书，故用报纸印刷，要使定价不贵。但现在三集的书价已在七元以上，贫寒的中学生已无力全买了。字数近百五十万，也不是中学生能全读的了。所以我现在从这三集里选出了二十二篇论文，印作一册，预备给国内的少年朋友们作一种课外读物。如有学校教师愿意选我的文字作课本的，我也希望他们用这个选本。

我选的这二十二篇文字，可以分作五组。

第一组六篇，泛论思想的方法。

第二组三篇，论人生观。

第三组三篇，论中西文化。

第四组六篇，代表我对于中国文学的见解。

1 选自《胡适文选》中的自序。题目为编者所拟。

第五组四篇，代表我对于整理国故问题的态度与方法。

为读者的便利起见，我现在给每一组作一个简短的提要，使我的少年朋友们容易明白我的思想的路径。

01

第一组收的文字是：

《演化论与存疑主义》

《杜威先生与中国》

《杜威论思想》

《问题与主义》

《新生活》

《新思潮的意义》

我的思想受两个人的影响最大：一个是赫胥黎，一个是杜威先生。赫胥黎教我怎样怀疑，教我不信任一切没有充分证据的东西。杜威先生教我怎样思想，教我处处顾到当前的问题，教我把一切学说理想都看作待证的假设，教我处处顾到思想的结果。这两个人使我明了科学方法的性质与功用，故我选前三篇介绍这两位大师给我的少年朋友们。

从前陈独秀先生曾说实验主义和辩证法的唯物史观是近代两个最重要的思想方法，他希望这两种方法能合作一条联合战线。这个希望是错误的。辩证法出于海格尔的哲学，是生物进化论成立以前的玄学方法。实验主义是生物进化论出世以后的科学方法。这两种方法所以根本不相容，只是因为中间隔了一层达尔文主义。达尔文的生物演化学说给了我们一个大教训：就是教我们明了生物进化，无论是自然的演变，或是人为的选择，都由于一点一滴的变异，所以是一种很复杂的现象，决没有一个简单的目的地可以一步跳到，更不会有一步跳到之后可以一成不变。辩证法的哲学本来也是生物学发达以前的一种进化理论；依他本身的理论，这个一正一反相毁相成的阶段应该永远不断的呈现。但狭义的共产主义者却似乎忘了这个原则，所以武断的虚悬一个共产共有的理想境界，以为可以用阶级斗争的方法一蹴即到，既到之后又可以用一阶级专政方法把持不变。这样的化复杂为简单，这样的根本否定演变的继续便是十足的达尔文以前的武断思想，比那顽固的海格尔更顽固了。

实验主义从达尔文主义出发，故只能承认一点一滴的不断的改进是真实可靠的进化。我在《问题与主义》和《新思潮的意义》两篇里，只发挥这个根本观念。我认定民国六年以后的新文化运动的目的是再造中国文明，而再造文明的途径全靠研究一个个的具体问题。我说：

文明不是笼统造成的，是一点一滴的造成的。进化不是一晚上笼统进化的，是一点一滴的进化的。现今的人爱谈“解放”与“改造”，须知解放不是笼统解放，改造也不是笼统改造。解放是这个那个制度的解放，这种那种思想的解放，这个那个人的解放：都是一点一滴的解放。改造是这个那个制度的改造，这种那种思想的改造，这个那个人的改造：都是一点一滴的改造。

再造文明的下手工夫是这个那个问题的研究。再造文明的进行是这个那个问题的解决（页六八）。

我这个主张在当时最不能得各方面的了解。当时（民国八年）承“五四”“六三”之后，国内正倾向于谈主义，我预料到这个趋势的危险，故发表《多研究些问题，少谈些主义》的警告。我说：

凡是有价值的思想，都是从这个那个具体的问题下手的。先研究了问题的种种方面的种种事实，看看究竟病在何处，这是思想的第一步工夫。然后根据于一生的经验学问，提出种种解决的方法，提出种种医病的丹方，这是思想的第二步工夫。然后用一生的经验学问，加上想象的能力，推思每一种假定的解决法应该可以有什么样的效果，更推想这种效果是否真能解决眼前这个困难问题。推想的结果，拣定一种假定的（最满意的）解决，认为我的主张，这是思想的第三步工夫。凡是有价值的主张，都是先经过这三步工夫来的。（页三六）

我又说：

一切主义，一切学理，都该研究。但只可认作一些假设的（待证的）见解，不可认作天经地义的信条；只可认作参考印证的材料，不可奉为金科玉律的宗教；只可用作启发心思的工具，切不可用作蒙蔽聪明，停止思想的绝对真理。如此方才可以渐渐养成人类的创造的思想力，方才可以渐渐使人类有解决具体问题的能力，方才可以渐渐解放人类对于抽象名词的迷信。（页五〇）

这些话是民国八年七月写的。于今已隔了十几年，当日和我讨论的朋友，一个已被杀死了，一个也颓唐了，但这些话字字句句都还可以应用到今日思想界的现状。十几年前我所预料的种种危险——“目的热”而“方法盲”，迷信抽象名词，把主义用做蒙蔽聪明停止思想的绝对真理——一一都显现在眼前了。所以我十分诚恳的把这些老话贡献给我的少年朋友们，希望他们不可再走错了思想的路子。

《新生活》一篇，本是为一个通俗周报写的；十几年来，这篇短文走进了中小学的教科书里，读过的人应该在一千万以上了。但我盼望读过此文的朋友们把这篇短文放在同组的五篇里重新读一遍。赫胥黎教人记得一句“拿证据来！”，我现在教人记得一句“为什么？”少年的朋友们，请仔细想想：你进学校是为什么？你进一个政党是为什么？你努力做革命工作是为什么？革命是为了什么而革命？政府是为了什么而存在？

请大家记得：人同畜生的分别，就在这个“为什么”上。

02

第二组的文字只有三篇：

《〈科学与人生观〉序》

《不朽》

《易卜生主义》

这三篇代表我的人生观，代表我的宗教。

《易卜生主义》一篇写的最早，最初的英文稿是民国三年在康奈尔大学哲学会宣读的，中文稿是民国七年写的。易卜生最可代表十九世纪欧洲的个人主义的精华，故我这篇文章只写得一种健全的个人主义的人生观。这篇文章在民国七八年间所以能有最大的兴奋作用和解放作用，也正是因为它所提倡的个人主义在当日确是最新鲜又最需要的一针注射。

娜拉抛弃了家庭丈夫儿女，飘然而去，只因为她觉悟了她自己也是一个人，只因为她感觉到她“无论如何，务必努力做一个人。”这便是易卜生主义，易卜生说：

我所最期望于你的是一种真实纯粹的为我主义，要使你有时觉得天下只有关于你的事最要紧，其余的都算不得什么……你要想有益于社会，最好的法子莫如把你自己这块材料铸造成器。……有的时候我真觉得全世界都像海上撞沉了船，最要紧的还是救出自己。（页一三〇）

这便是最健全的个人主义。救出自己的唯一法子便是把你自己这块材料铸造成器。

把自己铸造成器，方才可以希望有益于社会。真实的为我，便是最有益的为人。把自己铸造成了自由独立的人格，你自然会不知足，不满意于现状，敢说老实话，敢攻击社会上的腐败情形，做一个“贫贱不能移，富贵不能淫，威武不能屈”的斯铎曼医生。斯铎曼医生为了说老实话，为了揭穿本地社会的黑幕，遂被全社会的人喊作“国民公敌”。但他不肯避“国民公敌”的恶名，他还要说老实话。他大胆的宣言：

世上最强有力的人就是那最孤立的人！

这也是健全的个人主义的真精神。

这个个人主义的人生观一面教我们学娜拉，要努力把自己铸造成个人；一面教我们学斯铎曼医生，要特立独行，敢说老实话，敢向恶势力作战。少年的朋友们，不要笑这是十九世纪维多利亚时代的陈腐思想！我们去维多利亚时代还老远哩。欧洲有了十八、十九世纪的个人主义，造出了无数爱自由过于面包，爱真理过于生命的特立独行之士，方才有今日的文明世界。

现在有人对你们说："牺牲你们个人的自由，去求国家的自由！"我对你们说："争你们个人的自由，便是为国家争自由！争你们自己的人格，便是为国家争人格！自由平等的国家不是一群奴才建造得起来的！"

《〈科学与人生观〉序》一篇略述民国十二年的中国思想界里的一场大论战的背景和内容（我盼望读者能参读《文存三集》中《几个反理学的思想家》的吴敬恒一篇，页一五一——一八六）。在此序的末段，我提出我所谓"自然主义的人生观"（页九二—九五）。这不过是一个轮廓，我希望少年的朋友们不要仅仅接受这个轮廓，我希望他们能把这十条都拿到科学教室和实验室里去细细证实或否证。

这十条的最后一条是：

根据于生物学及社会学的知识，叫人知道个人——"小我"——是要死灭的，而人类——"大我"——是不死的，不朽的；叫人知道"为全种万世而生活"就是宗教，就是最高的宗教，而那些替个人谋死后的天堂净土的宗教乃是自私自利的宗教。

这个意思在这里说的太简单了，读者容易起误解。所以我把《不朽》一篇收在后面，专说明这一点。

我不信灵魂不朽之说，也不信天堂地狱之说，故我说这个小我是会死灭的。死灭是一切生物的普遍现象，不足怕，也不足惜。但个人自有他的不死不灭的部分：他的一切作为，一切功德罪恶，一切语言行事，无论大小，无论善恶，无论是非，都在那大我上留下不能磨灭的结果和影响。他吐一口痰在地上，也许可以毁灭一村一族。他起一个念头，也许可以引起几十年的血战。他也许“一言可以兴邦，一言可以丧邦”。善亦不朽，恶亦不朽；功盖万世固然不朽，种一担谷子也可以不朽，喝一杯酒，吐一口痰也可以不朽。古人说：“一出言而不敢忘父母，一举足而不敢忘父母。”我们应该说：“说一句话而不敢忘这句话的社会影响，走一步路而不敢忘这步路的社会影响。”这才是对于大我负责任。能如此做，便是道德，便是宗教。

这样说法，并不是推崇社会而抹煞个人。这正是极力抬高个人的重要。个人虽渺小，而他的一言一动都在社会上留下不朽的痕迹，芳不止流百世，臭也不止遗万年，这不是绝对承认个人的重要吗？成功不必在我，也许在我千百年后，但没有我也决不能成功。毒害不必在眼前，“我躬不阅，遑恤我后！”后而我岂能不负这毒害的责任？今日的世界便是我们的祖宗积的德，造的孽。未来的世界全看我们自己积什么德或造什么孽。世界的关键全在我们手里，真如古人说的“任重而道远”，我们岂可错过这绝好的机会，放下这绝重大的担子？

有人对你说，“人生如梦”。就算是一场梦罢，可是你只有这一个做梦的机会。岂可不振作一番，做一个痛痛快快轰轰烈烈的梦？

有人对你说，“人生如戏”。就说是做戏罢，可是，吴稚晖先生说的好，“这唱的是义务戏，自己要好看才唱的；谁便无端的自己扮作跑龙套，辛苦的出台，止算作没有呢？”

其实人生不是梦，也不是戏，是一件最严重的事实。你种谷子，便有人充饥；你种树，便有人砍柴，便有人乘凉；你拆烂污，便有人遭瘟；你放野火，便有人烧死。你种瓜便得瓜，种豆便得豆，种荆棘便得荆棘。少年的朋友们，你爱种什么？你能种什么？

03

第三组的文字，也只有三篇：

《我们对于西洋近代文明的态度》

《漫游的感想》

《请大家来照照镜子》

在这三篇里，我很不客气的指摘我们的东方文明，很热烈的颂扬西洋的近代文明。

人们常说东方文明是精神的文明，西方文明是物质的文明，或唯物的文明。这是有夸大狂的妄人捏造出来的谣言，用来遮掩我们的羞脸的。其实一切文明都有物质和精神的两部分：材料都是物质的，而运用材料的心思才智都是精神的。木头是物质；而刳木为舟，构木为屋，都靠人的智力，那便是精神的部分。器物越完备复杂，精神的因子越多。一只蒸汽锅炉，一辆摩托车，一部有声电影机器，其中所含的精神因子比我们老祖宗的瓦罐、大车、毛笔多得多了。我们不能坐在舢板船上自夸精神文明，而嘲笑五万吨大汽船是物质文明。

但物质是倔强的东西，你不征服他，他便是征服你。东方人在过去的时代，也曾制造器物，做出一点利用厚生的文明。但后世的懒惰子孙得过且过，不肯用手用脑去和物质抗争，并且编出“不以人易天”的懒人哲学，于是不久便被物质战胜了。天旱了，只会求雨；河决了，只会拜金龙大王；风浪大了，只会祷告观音菩萨或天后娘娘。荒年了，只好逃荒去；瘟疫来了，只好闭门等死；病上身了，只好求神许愿。树砍完了，只好烧茅草；山都精光了，只好对着叹气。这样又愚又懒的民族，不能征服物质，便完全被压死在物质环境之下，成了一分像人九分像鬼的不长进民族。所以我说：

> 这样受物质环境的拘束与支配，不能跳出来，不能运用人的心思智力来改造环境改良现状的文明，是懒惰不长进的民族的文明，是真正唯物的文明。（页一五四）

反过来看看西洋的文明，

> 这样充分运用人的聪明智慧来寻求真理以解放人的心灵，来制服天行以供人用，来改造物质的环境，来改革社会政治的制度，来谋人类最大多数的最大幸福——这样的文明是精神的文明。（页一五五）

这是我的东西文化论的大旨。

少年的朋友们，现在有一些妄人要煽动你们的夸大狂，天天要你们相信中国的旧文化比任何国高，中国的旧道德比任何国好。还有一些不曾出国门的愚人鼓起喉咙对你们喊道："往东走！往东走！西方的这一套把戏是行不通的了！"

我要对你们说：不要上他们的当！不要拿耳朵当眼睛！睁开眼睛看看自己，再看看世界。我们如果还想把这个国家整顿起来，如果还希望这个民族在世界上占一个地位——只有一条生路，就是我们自己要认错。我们必须承认我们自己百事不如人，不但物质机械上不如人，不但政治制度不如人，并且道德不如人，知识不如人，文学不如人，音乐不如人，艺术不如人，身体不如人。

肯认错了，方才肯死心塌地的去学人家。不要怕模仿，因为模仿是创造的必要预备工夫。不要怕丧失我们自己的民族文化，因为绝大多数人的惰性已尽够保守那旧文化了，用不着你们少年人去担心。你们的职务在进取，不在保守。

请大家认清我们当前的紧急问题。我们的问题是救国，救这衰病的民族，救这半死的文化。在这件大工作的历程里，无论什么文化，凡可以使我们起死回生，返老还童的，都可以充分采用，都应该充分收受。我们救国建国，正如大匠建屋，只求材料可以应用，不管他来自何方。

04

第四组的文字有六篇：

《建设的文学革命论》

《〈尝试集〉自序》

《文学进化观念》

《国语的进化》

《文学革命运动》

《〈词选〉自序》

这里有一部分是叙述文学革命运动的经过的，有一部分是我自己对于文学的见解。

我在这十几年的中国文学革命运动上，如果有一点点贡献，我的贡献只在：

（1）我指出了“用白话作新文学”的一条路子。（页一九四—二〇三，页二三八—二四〇，页二七七—二八三）

（2）我供给了一种根据于历史事实的中国文学演变论，使人明了国语是古文的进化，使人明了白话文学在中国文学史上占什么地位。（页二四二—二八四，页三〇四—三〇九）

（3）我发起了白话新诗的尝试。（页二一七—二四一）

这些文字都可以表出我的文学革命论也只是进化论和实验主义的一种实际应用。

05

第五组的文字有四篇：

《〈国学季刊〉发刊宣言》

《古史讨论的读后感》

《〈红楼梦〉考证》

《治学的方法与材料》

这都是关于整理国故的文字。

《季刊宣言》是一篇整理国故的方法总论，有三个要点：

第一，用历史的眼光来扩大研究的范围。

第二，用系统的整理来部勒研究的资料。

第三，用比较的研究来帮助材料的整理与解释。

这一篇是一种概论，故未免觉的太悬空一点。以下的两篇便是两个具体的例子，都可以说明历史考证的方法。

《古史讨论》一篇，在我的《文存》里要算是最精彩的方法论。这里面讨论了两个基本方法：一个是用历史演变的眼光来追求传说的演变，一个是用严格的考据方法来评判史料。

顾颉刚先生在他的《古史辨》的自序里曾说他从我的《〈水浒传〉考证》和《井田辨》等文字里得着历史方法的暗示。这个方法便是用历史演化的眼光来追求每一个传说演变的历程。我考证《水浒》的故事，包公的传说。狸猫换太子的故事，井田的制度，都用这个方法。顾先生用这方法来研究中国古史，曾有很好的成绩。顾先生说的最好：“我们看史迹的整理还轻而看传说的经历却重。凡是一件史事，应看他最先是怎样，以后逐步逐步的变迁是怎样。”其实对于纸上的古史迹，追求其演变的步骤，便是整理他了。

在这篇文字里，我又略述考证的方法，我说：

我们对于“证据”的态度是：一切史料都是证据。但史家要问：

（1）这种证据是在什么地方寻出的？

（2）什么时候寻出的？

（3）什么人寻出的？

（4）依地方和时候上看起来，这个人有做证人的资格吗？

（5）这个人虽有证人资格，而他说这句话时有作伪（无心的，或有意的）的可能吗？（页三四八—三四九）

《〈红楼梦〉考证》诸篇只是考证方法的一个实例。我说：

我觉得我们做《红楼梦》的考证，只能在“著者”和“本子”两个问题上着手；只能运用我们力所能搜集的材料，参考互证，然后抽出一些比较的最近情理的结论。这是考证学的方法。我在这篇文章里，处处想撇开一切先入的成见，处处存一个搜求证据的目的，处处尊重证据，让证据做向导，引我到相当的结论上去。（页四一一—四一二）。

这不过是赫胥黎、杜威的思想方法的实际应用。我的几十万字的小说考证，都只是用一些“深切而著明”的实例来教人怎样思想。

试举曹雪芹的年代一个问题作个实例。民国十年，我收得了一些证据，得着这些结论：

我们可以断定曹雪芹死于乾隆三十年左右（约西历1765）。……我们可以猜想雪芹大约生于康熙末叶（约1715—1720），当他死时，约五十岁左右。（页三八三）

民国十一年五月，我得着了《四松堂集》的原本，见敦诚挽曹雪芹的诗题下注“甲申”二字，又诗中有“四十年华”的话，故修正我的结论如下：

曹雪芹死在乾隆二十九年甲申（1764），……他死时只有“四十年华”，我们可以断定他的年纪不能在四十五岁以上。假定他死时年四十五岁，他的生时当康熙五十八年（1719）。（页四二〇）

但到了民国十六年，我又得了脂砚斋评本《石头记》，其中有“壬午除夕，书未成，芹为泪尽而逝”的话。壬午为乾隆二十七年，除夕当西历1763年2月12日，和我七年前的断定（“乾隆三十年左右，约西历1765”）只差一年多。又假定他活了四十五岁，他的生年大概在康熙五十六年（1717），这也和我七年前的猜测正相符合。（页四三三）

考证两个年代，经过七年的时间，方才得着证实。证实是思想方法的最后又最重要的一步。不曾证实的理论，只可算是假设；证实之后，才是定论，才是真理。我在别处（《文存三集》，页二七三）说过：

我为什么要考证《红楼梦》？

在消极方面，我要教人怀疑王梦阮、徐柳泉一班人的谬说。

在积极方面，我要教人一个思想学问的方法。我要教人疑而后信，考而后信，有充分证据而后信。

我为什么要替《水浒传》作五万字的考证？我为什么要替庐山一

个塔作四千字的考证？

我要教人知道学问是平等的，思想是一贯的。……肯疑问“佛陀耶舍究竟到过庐山没有”的人，方才肯疑问“夏禹是神是人。”有了不肯放过一个塔的真伪的思想习惯，方才敢疑上帝的有无。

少年的朋友们，莫把这些小说考证看作我教你们读小说的文字。这些都只是思想学问的方法的一些例子。在这些文字里，我要读者学得一点科学精神，一点科学态度，一点科学方法。科学精神在于寻求事实，寻求真理。科学态度在于撇开成见，搁起感情，只认得事实，只跟着证据走。科学方法只是“大胆的假设，小心的求证”十个字。没有证据，只可悬而不断；证据不够，只可假设，不可武断；必须等到证实之后，方才奉为定论。

少年的朋友们，用这个方法来做学问，可以无大差失，用这种态度来做人处事，可以不至于被人蒙着眼睛牵着鼻子走。

抱着无限的爱和无限的希望，我很诚挚的把这一本小书贡献给全国的少年朋友！

十九，十一，二十七晨二时，将离开江南的前一日

第二辑　人生命题

人生问题

1903年，我只有十二岁，那年12月17日，有美国的莱特弟兄作第一次飞机试验，用很简单的机器试验成功，因此美国定12月17日为飞行节。12月17日正是我的生日，我觉得我同飞行有前世因缘。我在前十多年，曾在广西飞行过十二天，那时我作了一首《飞行小赞》，这算是关于飞行的很早的一首辞。诸位飞过大西洋，太平洋，我在民国三十年，在美国也飞过四万英里，这表示我同诸位不算很隔阂。今天大家要我讲人生问题，这是诸位出的题目，我来交卷。这是很大的问题，让我先下定义，但是定义不是我的，而是思想界老前辈吴稚晖的。他说：人为万物之灵，怎么讲呢？第一，人能够用两只手做东西。第二，人的脑部比一切动物的都大，不但比哺乳动物大，并且比人的老祖宗猿猴的还要大。有这能做东西的两手和比一切动物都大的脑部，所以说人为万物之灵。人生是什么？即是人在戏台上演戏，在唱戏。看戏有各种看法，即对人生的看法叫做人生观。但人生有什么意义呢？怎样算好戏？怎样算坏戏？我常想：人生意义就在我们怎样看人生。意义的大小浅深，全在我们怎样去用两手和脑部。人生很短，上寿不过百年，完全可用手脑做事的时候，不过几十年。有人说，人生是梦，是很短的梦。有人说，人生不过是肥皂泡。其实，就是最悲观的说法，也证实我上面所说人生的有没有意义全看我们对人生的看法。就算他是做梦吧，也要做一个热闹的，轰轰烈烈的好梦，不要做悲观的梦。既然辛辛苦苦的上台，就要好好的唱个好戏，唱个像样子的戏，不要跑龙套。人生不是单独的，人是社会的动物，他能看见和想象他所看不到的东西，他有能看到上至数百万年下至子孙百代的能力。无论是过去，现在，或将来，人都逃不了人与人的关系。比如这一杯茶（讲演桌上放着一杯玻璃杯盛的茶）就包括多少人的供献，这些人虽然看不见，但从种茶，挑选，用自来水，自来水又包括电力等等，这有多少人的供献，这就可以看出社会的意义。我们的一举一动，也都有社会的意义，譬如我随便往地上吐口痰，经太阳晒干，风一吹起，如果我有痨病，风可以把病菌带给几个人到无数人。我今天讲的话，诸位也许有人不注意，也许有人认为没道理，也许说胡适之胡说，是瞎说八道，也许有人因我的话回去看看书，也许竟一生受此影响。一句话，一句格言，都能影响人。我举一个极端的例子，两千五百年前，离尼泊尔不远地方，路上有一个乞丐死了，尸首正在腐烂。这时走来一位年轻的少爷叫Gotama，后来就是释迦牟尼佛，这位少爷是生长于深宫中不知穷苦的，他一看到尸首，问这是什么？人说这是死。他说：噢！原来死是这样子，我们都不能不死吗？这位贵族少爷就回去想这问题，后来跑到森林中去想，想了几年，出来宣传他的学说，就是所谓佛学。这尸身腐烂一件事，就有这么大的影响。飞机在莱特兄弟做试验时，是极简单的东西，经四十年的工夫，多少人聪明才智，才发展到今天。我们一举一动，一言一行，一点行为都可以有永远不能磨灭的影响。几年来的战争，都是由希特勒的一本《我的奋斗》闯的祸，这一本书害了多少人？反过来说，一句好话，也可以影响无数人，我讲一个故事：民国元年，有一个英国人到我们学堂讲话，讲的内容很荒谬，但他的O字的发音，同普通人不一样，是尖声的，这也影响到我的O字发音，许多我的学生又受到我的影响。在四十年前，有一天我到一外国人家去，出来时鞋带掉了，那外国人提醒了我，并告诉我系鞋带时，把结头底下转一弯就不会掉了，我记住了这句话，并又告诉许多人，如今这外国人是死了，但他这句话已发生不可磨灭的影响。总而言之，从顶小的事情到顶大的像政治经济宗教等等，我们的一举一动都有不可磨灭的影响，尽管看不见，影响还是有。在孔夫子小时，有一位鲁国人说：人生有三不朽，即立德，立功，立言。立德就是最伟大的人格，像耶稣孔子等。立功就是对社会有供献。立言包括思想和文学，最伟大的思想和文学都是不朽的。但我们不要把这句话看得贵族化，要看得平民化，比如皮鞋打结不散，吐痰，O的发音，都是不朽的。就是说：不但好的东西不朽，坏的东西也不朽，善不朽，恶亦不朽。一句好话可以影响无数人，一句坏话可以害死无数人。这就给我们一个人生标准，消极的我们不要害人，要懂得自己行为。积极的要使这社会增加一点好处，总要叫人家得我一点好处。再回来说，人生就算是做梦，也要做一个像样子的梦。宋朝的政治家王安石有一首诗，题目是《梦》。说："知世如梦无所求，无所求心普定寂，还似梦中随梦境，成就河沙梦功德。"不要丢掉这梦，要好好去做！即算是唱戏，也要好好去唱。

（本文为1948年8月12日胡适在北平空军司令部的演讲）

（原载于1948年8月13日北平《世界日报》）

科学与人生观（序）

亚东图书馆主人汪孟邹先生近来把散见国内各种杂志上的讨论科学与人生观的文章搜集印行，总名为《科学与人生观》。我从烟霞洞回到上海时，这部书已印了一大半了。孟邹要我做一篇序。我觉得，在这回空前的思想界大笔战的战场上，我要算一个逃兵了。我在本年三四月间，因为病体未复原，曾想把《努力周报》停刊；当时丁在君先生极不赞成停刊之议，他自己做了几篇长文，使我好往南方休息一会。我看了他的《玄学与科学》，心里很高兴，曾对他说，假使《努力》以后向这个新方向去谋发展——假使我们以后为科学作战——《努力》便有了新生命，我们也有了新兴趣，我从南方回来，一定也要加入战斗的。然而我来南方以后，一病就费去了六个多月的时间，在病中我只做了一篇很不庄重的《孙行者与张君劢》，此外竟不曾加入一拳一脚，岂不成了一个逃兵了？我如何敢以逃兵的资格来议论战场上各位武士的成绩呢？

但我下山以后，得遍读这次论战的各方面的文章，究竟忍不住心痒手痒，究竟不能不说几句话。一来呢，因为论战的材料太多，看这部大书的人不免有“目迷五色”的感觉，多作一篇综合的序论也许可以帮助读者对于论点的了解。二来呢，有几个重要的争点，或者不曾充分发挥，或者被埋没在这二十五万字的大海里，不容易引起读者的注意，似乎都有特别点出的需要。因此，我就大胆地作这篇序了。

01

这三十年来，有一个名词在国内几乎做到了无上尊严的地位；无论懂与不懂的人，无论守旧和维新的人，都不敢公然对他表示轻视或戏侮的态度。那个名词就是“科学”。这样几乎全国一致的崇信，究竟有无价值，那是另一问题。我们至少可以说，自从中国讲变法维新以来，没有一个自命为新人物的人敢公然毁谤“科学”的，直到民国八九年间梁任公先生发表他的《欧游心影录》，科学方才在中国文字里正式受了“破产”的宣告。梁先生说：

> 要而言之，近代人因科学发达，生出工业革命，外部生活变迁急剧，内部生活随而动摇，这是很容易看得出的。……依着科学家的新心理学，所谓人类心灵这件东西，就不过物质运动现象之一种。……这些唯物派的哲学家，托庇科学宇下建立一种纯物质的纯机械的人生观。把一切内部生活外部生活都归到物质运动的“必然法则”之下。……不唯如此，他们把心理和精神看成一物，根据实验心理学，硬说人类精神也不过一种物质，一样受“必然法则”所支配。于是人类的自由意志不得

不否认了。意志既不能自由，还有什么善恶的责任？……现今思想界最大的危机就在这一点。宗教和旧哲学既已被科学打得个旗靡帜乱，这位“科学先生”便自当仁不让起来，要凭他的试验发明个宇宙新大原理。却是那大原理且不消说，敢是各科的小原理也是日新月异，今日认为真理，明日已成谬见。新权威到底树立不来，旧权威却是不可恢复了。所以全社会人心，都陷入怀疑沉闷畏惧之中，好像失了罗针的海船遇着风雾，不知前途怎生是好。既然如此，所以那些什么乐利主义强权主义越发得势。死后既没有天堂，只好尽这几十年尽情地快活。善恶既没有责任，何妨尽我的手段来充满我个人欲望。然而享用的物质增加速率，总不能和欲望的升腾同一比例，而且没有法子令他均衡。怎么好呢？只有凭自己的力量自由竞争起来，质而言之，就是弱肉强食。近年来什么军阀，什么财阀，都是从这条路产生出来。这回大战争，便是一个报应。……总之，在这种人生观底下，那么千千万万人前脚接后脚的来这世界走一趟住几十年，干什么呢？独一无二的目的就是抢面包吃。不然就是怕那宇宙间物质运动的大轮子缺了发动力，特自来供给他燃料。果真这样，人生还有一毫意味，人类还有一毫价值吗？无奈当科学全盛时代，那主要的思潮，却是偏在这方面，当时讴歌科学万能的人，满望着科学成功，黄金世界便指日出现。如今功总算成了，一百年物质的进步，比从前三千年所得还加几倍。我们人类不唯没有得着幸福，倒反带来许多灾难。好像沙漠中失路的旅人，远远望见个大黑影，拼命往前赶，以为可以靠他向导，哪知赶上几程，影子却不见了，因此无限凄惶失望。影子是谁，就是这位“科学先生”。欧洲人做了一场科学万能的大梦，到如今却叫起科学破产来。（《梁任公近著》第一辑上卷，页

一九一二三）

梁先生在这段文章里很动感情地指出科学家的人生观的流毒：他很明显地控告那“纯物质的纯机械的人生观”把欧洲全社会“都陷入怀疑沉闷畏惧之中”，养成“弱肉强食”的现状——“这回大战争，便是一个报应”。他很明白地控告这种科学家的人生观造成“抢面包吃”的社会，使人生没有一毫意味，使人类没有一毫价值，没有给人类带来幸福，“倒反带来许多灾难”，叫人类“无限凄惶失望”。梁先生要说的是欧洲“科学破产”的喊声，而他举出的却是科学家的人生观的罪状；梁先生摭拾了一些玄学家诬蔑科学人生观的话头，却便加上了“科学破产”的恶名。

梁先生后来在这一段之后，加上两行自注道：

读者切勿误会，因此菲薄科学，我绝不承认科学破产，不过也不承认科学万能罢了。

然而谣言这件东西，就同野火一样，是易放而难收的。自从《欧游心影录》发表之后，科学在中国的尊严就远不如前了。一般不曾出国门的老先生很高兴地喊着，“欧洲科学破产了！梁任公这样说的。”我们不能说梁先生的话和近年同善社、悟善社的风行有什么直接的关系；但我们不能不说梁先生的话在国内确曾替反科学的势力助长不少的威风。梁先生的声望，梁先生那枝“笔锋常带情感”的健笔，都能使他的读者容易感受他的言论的影响。何况国中还有张君劢先生一流人，打着柏格森、倭铿、欧立克……的旗号，继续起来替梁先生推波助澜呢？

我们要知道，欧洲的科学已到了根深蒂固的地位，不怕玄学鬼来攻击了。几个反动的哲学家，平素饱餍了科学的滋味，偶尔对科学发几句牢骚话，就像富贵人家吃厌了鱼肉，常想尝尝咸菜豆腐的风味；这种反动并没有什么大危险。那光焰万丈的科学，决不是这几个玄学鬼摇撼得动的。一到中国，便不同了。中国此时还不曾享着科学的赐福，更谈不到科学带来的“灾难”。我们试睁开眼看看：这遍地的乩坛道院，这遍地的仙方鬼照相，这样不发达的交通，这样不发达的实业——我们那里配排斥科学？至于“人生观”，我们只有做官发财的人生观，只有靠天吃饭的人生观，只有求神问卜的人生观，只有《安士全书》的人生观，只有《太上感应篇》的人生观——中国人的人生观还不曾和科学行见面礼呢！我们当这个时候，正苦科学的提倡不够，正苦科学的教育不发达，正苦科学的势力还不能扫除那迷漫全国的乌烟瘴气——不料还有名流学者出来高唱“欧洲科学破产”的喊声，出来把欧洲文化破产的罪名归到科学身上，出来菲薄科学，历数科学家的人生观的罪状，不要科学在人生观上发生影响！信仰科学的人看了这种现状，能不发愁吗？能不大声疾呼出来替科学辩护吗？

这便是这一次“科学与人生观”的大论战所以发生的动机。明白了这个动机，我们方才可以明白这次大论战在中国思想史上占的地位。

02

张君劢的《人生观》原文的大旨是：

人生观之特点所在，曰主观的，曰直觉的，曰综合的，曰自由意志的，曰单一性的。惟其有此五点，故科学无论如何发达，而人生观问题之解决，决非科学所能为力，惟赖诸人类之自身而已。

君劢叙述那五个特点时，处处排斥科学，处处用一种不可捉摸的语言——“是非各执，绝不能施以一种试验”“无所谓定义，无所谓方法，皆其身良心之所命起而主张之”“若强为分析，则必失其真义”“皆出于良心之自动，而决非有使之然者”。这样一个大论战，却用一篇处处不可捉摸的论文作起点，这是一件大不幸的事。因为原文处处不可捉摸，故驳论与反驳都容易跳出本题。战线延长之后，战争的本意反不很明白了。（我常想，假如当日我们用了梁任公先生的“科学万能之梦”一篇作讨论的基础，我们定可以使这次论争的旗帜格外鲜明——至少可以免去许多无谓的纷争。）我们为读者计，不能不把这回论战的主要问题重说一遍。

君劢的要点是“人生观问题之解决，决非科学所能为力。”我们要答复他，似乎应该先说明科学应用到人生观问题上去，曾产生什么样子的人生观；这就是说，我们应该先叙述“科学的人生观”是什么，然后讨论这种人生观是否可以成立，是否可以解决人生观的问题，是否像梁先生说的那样贻祸欧洲，流毒人类。我总观这二十五万字的讨论，终觉得这一次为科学作战的人——除了吴稚晖先生——都有一个共同的错误，就是不曾具体地说明科学的人生观是什么，却去抽象地力争科学可以解决人生观的问题。这个共同错误的原因，约有两种：第一，张君劢的导火线的文章内并不曾像梁任公那样明白指斥科学家的人生观，只是笼统地说科学对于人生观问题不能为力。因此，驳论与反驳论的文章也都走上那“可能与不可能”的笼统讨论上去了。例如丁在君的《玄学与科学》的主要部分只是要证明

凡是心理的内容，真的概念推论，无一不是科学的材料。

然而他却始终没有说出什么是“科学的人生观”。从此以后，许多参战的学者都错在这一点上。如张君劢《再论人生观与科学》只主张

“人生观超于科学以上”“科学决不能支配人生”。

如梁任公的《人生观与科学》只说

人生关涉理智方面的事项，绝对要用科学方法来解决；关于情感方面的事项，绝对的超科学。

如林宰平的《读丁在君先生的〈玄学与科学〉》只是一面承认“科学的方法有益于人生观”，一面又反对科学包办或管理“这个最古怪的东西”——人类。如丁在君《答张君劢》也只是说明

这种（科学）方法，无论用在知识界的那一部分，都有相当的成绩，所以我们对于知识的信用，比对于没有方法的情感要好；凡有情感的冲动都要想用知识来指导他，使他发展的程度提高，发展的方向

得当。

如唐擘黄《心理现象与因果律》只证明

一切心理现象都是有因的。

他的《一个痴人的说梦》只证明

关于情感的事项，要就我们的知识所及，尽量用科学方法来解决的。

王抚五的《科学与人生观》也只是说：

科学是凭借“因果”和“齐一”两个原理而构造起来的；人生问题无论为生命之观念，或生活之态度，都不能逃出这两个原理的金刚圈，所以科学可以解决人生问题。

直到最后范寿康的《评所谓科学与玄学之争》，也只是说：

伦理规范——人生观——一部分是先天的，一部分是后天的。先天的形式是由主观的直觉而得，决不是科学所能干涉。后天的内容应由科学的方法探讨而定，决不是主观所应妄定。

综观以上各位的讨论，人人都在那里笼统地讨论科学能不能解决人生问题或人生观问题。几乎没有一个人明白指出，假使我们把科学适用到人生观上去，应该产生什么样子的人生观。然而这个共同的错误大都是因为君劢的原文不曾明白攻击科学家的人生观，却只悬空武断科学决不能解决人生观问题。殊不知，我们若不先明白科学应用到人生观上去时发生的结果，我们如何能悬空评判科学能不能解决人生观呢？

这个共同的错误——大家规避“科学的人生观是什么”的问题——怕还有第二个原因，就是一班拥护科学的人虽然抽象地承认科学可以解决人生问题，却终不愿公然承认那具体的“纯物质，纯机械的人生观”为科学的人生观。我说他们“不愿”，并不是说他们怯懦不敢，只是说他们对于那科学家的人生观还不能像吴稚晖先生那样明显坚决的信仰，所以还不能公然出来主张。这一点确是这一次大论争的一个绝大的弱点。若没有吴老先生把他的“漆黑一团”的宇宙观和“人欲横流”的人生观提出来做个压阵大将，这一场大战争真成了一场混战，只闹得个一哄散场！

关于这一点，陈独秀先生的序里也有一段话，对于作战的先锋大将丁在君先生表示不满意。独秀说：

他（丁先生）自号存疑的唯心论，这是沿袭赫胥黎、斯宾塞诸人的谬误；你既承认宇宙间有不可知的部分而存疑，科学家站开，且让玄学家来解疑。此所以张君劢说，“既已存疑，则研究形而上界之玄学，不应有丑诋之词”。其实我们对于未发现的物质固然可以存疑，而对于超物质而独立存在并且可以支配物质的什么心（心即是物之一种表现），什么神灵与上帝，我们已无疑可存了。说我们武断也好，说我们专制也好，若无证据给我们看，我们断然不能抛弃我们的信仰。

关于存疑主义的积极的精神，在君自己也曾有明白的声明（《答张君劢》，页二一一二三）。“拿证据来！”一句话确然是有积极精神的。但赫胥黎等在当用这种武器时，究竟还只是消极的防御居多。在十九世纪的英国，在那宗教的权威不曾打破的时代，明明是无神论者也不得不挂一个“存疑”的招牌。但在今日的中国，在宗教信仰向来比较自由的中国，我们如果深信现有的科学证据只能叫我们否认上帝的存在和灵魂的不灭，那么，我们正不妨老实自居为“无神论者”。这样的自称并不算是武断；因为我们的信仰是根据于证据的：等到有神论的证据充足时，我们再改信有神论，也还不迟。我们在这个时候，既不能相信那没有充分证据的有神论，心灵不灭论，天人感应论，……又不肯积极地主张那自然主义的宇宙观，唯物的人生观，……怪不得独秀要说“科学家站开！且让玄学家来解疑”了。吴稚晖先生便不然。他老先生宁可冒“玄学鬼”的恶名，偏要冲到那“不可知的区域”里去打一阵，他希望“那不可知区域里的假设，责成玄学鬼也带着论理色彩去假设着”（《宇宙观及人生观》，页九）。这个态度是对的。我们信仰科学的人，正不妨做一番大规模的假设。只要我们的假设处处建筑在已知的事实之上，只要我们认我们的建筑不过是一种最满意的假设，可以跟着新证据修正的——我们带着这种科学的态度，不妨冲进那不可知的区域里，正如姜子牙展开了杏黄旗，也不妨冲进十绝阵里去试试。

03

我在上文说的，并不是有意挑剔这一次论战场上的各位武士。我的意思只是要说，这一篇论战的文章只做了一个“破题”，还不曾做到“起讲”。至于“余兴”与“尾声”，更谈不到了。破题的功夫，自然是很重要的。丁在君先生的发难，唐擘黄先生等的响应，六个月的时间，二十五万字的皇皇大文，大吹大擂地把这个大问题捧了出来，叫乌烟瘴气的中国知道这个大问题的重要——这件功劳真不在小处！

可是现在真有做“起讲”的必要了。吴稚晖先生的“一个新信仰的宇宙观及人生观”已给我们做下一个好榜样。在这篇《科学与人生观》的“起讲”里，我们应该积极地提出什么叫做“科学的人生观”，应该提出我们所谓“科学的人生观”，好教将来的讨论有个具体的争点。否则你单说科学能解决人生观，他单说不能，势必至于吴稚晖先生说的“张丁之战，便延长了一百年，也不会得到究竟”。因为若不先有一种具体的科学人生观作讨论的底子，今日泛泛地承认科学有解决人生观的可能，是没有用的。等到那“科学的人生观”的具体内容拿出来时，战线上的组合也许要起一个大大的变化。我的朋友朱经农先生是信仰科学“前程不可限量”的，然而他定不能承认无神论是科学的人生观。我的朋友林宰平先生是反对科学包办人生观的，然而我想他一定可以很明白地否认上帝的存在。到了那个具体讨论的时期，我们才可以说是真正开战。那时的反对，才是真反对。那时的赞成，才是真赞成。那时的胜利，才是真胜利。

我还要再进一步说：拥护科学的先生们，你们虽要想规避那“科学的人生观是什么”的讨论，你们终于免不了的。因为他们早已正式对科学的人生观宣战了。梁任公先生的“科学万能之梦”，早已明白攻击那“纯物质的，纯机械的人生观”了。他早已把欧洲大战祸的责任加到那“科学家的新心理学”上去了。张君劢先生在《再论人生观与科学》里，也很笼统地攻击“机械主义”了。他早已说“关于人生之解释与内心之修养，当然以唯心派之言为长”了。科学家究竟何去何从？这时候正是科学家表明态度的时候了。

因此，我们十分诚恳地对吴稚晖先生表示敬意，因为他老先生在这个时候很大胆地把他信仰的宇宙观和人生观提出来，很老实地宣布他的“漆黑一团”的宇宙观和“人欲横流”的人生观。他在那篇大文章里，很明白地宣言

> 那种骇得煞人的显赫的名词，上帝呀，神呀，还是取消了好。（页十二）

很明白地

> 开除了上帝的名额，放逐了精神元素的灵魂。（页二九）

很大胆地宣言：

> 我以为动植物且本无感觉，皆止有其质力交推，有其辐射反应，如是而已。譬之于人，其质构而为如是之神经系，即其力生如是之反

应。所谓情感，思想，意志等等，就种种反应而强为之名，美其名曰心理，神其事曰灵魂，质直言之曰感觉，其实统不过质力之相应。（页二二—二三）

他在《人生观》里，很“恭敬地又好像滑稽地”说：

人便是外面只剩两只脚，却得到了两只手，内面有三斤二两脑髓，五千零四十八根脑筋，比较占有多额神经系质的动物。（页三九）

生者，演之谓也，如是云尔。（页四十）

所谓人生，便是用手用脑的一种动物，轮到“宇宙大剧场”的第亿垓八京六兆五万七千幕，正在那里出台演唱。（页四七）

他老先生五年的思想和讨论的结果，给我们这样一个“新信仰的宇宙观及人生观”。他老先生很谦逊地避去“科学的”的尊号，只叫他做“柴积上，日黄中的老头儿”的新信仰。他这个新信仰正是张君劢先生所谓“机械主义”，正是梁任公先生所谓“纯物质的纯机械的人生观”。他一笔勾销了上帝，抹煞了灵魂，戳穿了“人为万物之灵”的玄秘。这才是真正的挑战。我们要看那些信仰上帝的人们出来替上帝向吴老先生作战。我们要看那些信仰灵魂的人们出来替灵魂向吴老先生作战。我们要看那些信仰人生的神秘的人们出来向这“两手动物演戏”的人生观作战。我们要看那些认爱情为玄秘的人们出来向这“全是生理作用，并无丝毫微妙”的爱情观作战。这样的讨论，才是切题的，具体的讨论。这才是真正开火。这样战争的结果，不是科学能不能解决人生的问题了，乃是上帝的有无，鬼神的有无，灵魂的有无等等人生切要问题的解答。

只有这种具体的人生切要问题的讨论才可以发生我们所希望的效果——才可以促进思想上的刷新。

反对科学的先生们！你们以后的作战，请向吴稚晖的“新信仰的宇宙观及人生观”作战。

拥护科学的先生们！你们以后的作战，请先研究吴稚晖的“新信仰的宇宙观及人生观”：完全赞成他的，请准备替他辩护，像赫胥黎替达尔文辩护一样；不能完全赞成他的，请提出修正案，像后来的生物学者修正达尔文主义一样。

从此以后，科学与人生观的战线上的压阵老将吴老先生要倒转来做先锋了！

04

说到这里，我可以回到张、丁之战的第一个“回合”了。张君劢说：

天下古今之最不统一者，莫若人生观。（《人生观》页一）

丁在君说：

人生观现在没有统一是一件事，永久不能统一又是一件事，除非

你能提出事实理由来证明他是永远不能统一的，我们总有求他统一的义务。（《玄学与科学》页三）

玄学家先存了一个成见，说科学方法不适用于人生观；世界上的玄学家一天没有死完，自然一天人生观不能统一。（页四）

“统一”一个字，后来很引起一些人的抗议。例如林宰平先生就控告丁在君，说他“要把科学来统一一切”，说他“想用科学的武器来包办宇宙”。这种控诉，未免过于张大其词了。在君用的“统一”一个字，不过是沿用君劢文章里的话；他们两位的意思大概都不过是大同小异的一致，罢了。依我个人想起来，人类的人生观总应该有一个最低限度的一致的可能。唐擘黄先生说的最好：

人生观不过是一个人对于世界万物同人类的态度，这种态度是随着一个人的神经构造，经验，知识等而变的。神经构造等就是人生观之因。我举一二例来看。

无因论者以为叔本华（Schopenhauer）哈德门（Hartmann）的人生观是直觉的，其实他们自己并不承认这事。他们都说根据经验阅历而来的。叔本华是引许多经验作证的，哈德门还要说他的哲学是从归纳法得来的。

人生观是因知识而变的。例如，哥白尼太阳居中说，同后来的达尔文的人猿同祖说发明以后，世界人类的人生观起绝大变动；这是无可疑的历史事实。若人生观是直觉的，无因的，何以随自然界的知识而变更呢？

我们因为深信人生观是因知识经验而变换的，所以深信宣传与教育的效果可以使人类的人生观得着一个最低限度的一致。

最重要的问题是：拿什么东西来做人生观的“最低限度的一致”呢？

我的答案是：拿今日科学家平心静气地，破除成见地，公同承认的“科学的人生观”来做人类人生观的最低限度的一致。

宗教的功效已曾使有神论和灵魂不灭论统一欧洲（其实何止欧洲？）的人生观至千余年之久。假使我们信仰的“科学的人生观”将来靠教育与宣传的功效，也能有“有神论”和“灵魂不灭论”在中世欧洲那样的风行，那样的普遍，那也可算是我所谓“大同小异的一致”了。

我们若要希望人类的人生观逐渐做到大同小异的一致，我们应该准备替这个新人生观作长期的奋斗。我们所谓“奋斗”，并不是像林宰平先生形容的“摩哈默得式”的武力统一；只是用光明磊落的态度，诚恳的言论，宣传我们的“新信仰”，继续不断的宣传，要使今日少数人的信仰逐渐变成将来大多数人的信仰。我们也可以说这是“作战”，因为新信仰总免不了和旧信仰冲突的事；但我们总希望作战的人都能尊重对方的人格，都能承认那些和我们信仰不同的人不一定都是笨人与坏人，都能在作战之中保持一种“容忍”（Toleration）的态度；我们总希望那些反对我们的新信仰的人，也能用“容忍”的态度来对我们，用研究的态度来考察我们的信仰。我们要认清：我们的真正敌人不是对方；我们的真正敌人是“成见”，是“不思想”。我们向旧思想和旧信仰作战，其实只是很诚恳地请求旧思想和旧信仰势力之下的朋友们起来向“成见”和“不思想”作战。凡是肯用思想来考察他的成见的人，都是我们的同盟！

05

总而言之，我们以后的作战计划是宣传我们的新信仰，是宣传我们信仰的新人生观（我所谓“人生观”，依唐擘黄先生的界说，包括吴稚晖先生所谓“宇宙观”）。这个新人生观的大旨，吴稚晖先生已宣布过了。我们总括他的大意，加上一点扩充和补充，在这里再提出这个新人生观的轮廓：

（1）根据于天文学和物理学的知识，叫人知道空间的无穷之大。

（2）根据于地质学及古生物学的知识，叫人知道时间的无穷之长。

（3）根据于一切科学，叫人知道宇宙及其中万物的运行变迁皆是自然的——自己如此的——正用不着什么超自然的主宰或造物者。

（4）根据于生物的科学的知识，叫人知道生物界的生存竞争的浪费与残酷——因此，叫人更可以明白那“有好生之德”的主宰的假设是不能成立的。

（5）根据于生物学，生理学，心理学的知识，叫人知道人不过是动物的一种，他和别种动物只有程度的差异，并无种类的区别。

（6）根据于生物的科学及人类学，人种学，社会学的知识，叫人知道生物及人类社会演进的历史和演进的原因。

（7）根据于生物的及心理的科学，叫人知道一切心理的现象都是有因的。

（8）根据于生物学及社会学的知识，叫人知道道德礼教是变迁的，而变迁的原因都是可以用科学方法寻求出来的。

（9）根据于新的物理化学的知识，叫人知道物质不是死的，是活的；不是静的，是动的。

（10）根据于生物学及社会学的知识，叫人知道个人——“小我”——是要死灭的，而人类——“大我”——是不死的，不朽的；叫人知道“为全种万世而生活”就是宗教，就是最高的宗教；而那些替个人谋死后的“天堂”“净土”的宗教，乃是自私自利的宗教。

这种新人生观是建筑在二三百年的科学常识之上的一个大假设，我们也许可以给他加上“科学的人生观”的尊号。但为避免无谓的争论起见，我主张叫他做“自然主义的人生观”。

在那个自然主义的宇宙里，在那无穷之大的空间里，在那无穷之长的时间里，这个平均高五尺六寸，上寿不过百年的两手动物——人——真是一个藐乎其小的微生物了。在那个自然主义的宇宙里，天行是有常度的，物变是有自然法则的，因果的大法支配着他——人——的一切生活，生存竞争的惨剧鞭策着他的一切行为——这个两手动物的自由真是很有限的了。然而那个自然主义的宇宙里的这个渺小的两手动物却也有他的相当的地位和相当的价值。他用的两手和一个大脑，居然能做出许多器具，想出许多方法，造成一点文化。他不但驯服了许多禽兽，他还能考究宇宙间的自然法则，利用这些法则来驾驭天行，到现在他居然能叫电气给他赶车，以太给他送信了。他的智慧的长进就是他的能力的增加；然而智慧的长进却又使他的胸襟扩大，想象力提高。他也曾拜物拜畜生，也曾怕神怕鬼，但他现在渐渐脱离了这种种幼稚的时期，他现在渐渐明白：空间之大只增加他对于宇宙的美感；时间之长只使他格外明了祖宗创业之艰难；天行之有常只增加他制裁自然界的能力。甚至于因果律的笼罩一切，也并不见得束缚他的自由，因为因果律的作用一方面使他可以由因求果，由果推因，解释过去，预测未来；一方面又使他可以运用他的智慧，创造新因以求新果。甚至于生存竞争的观念也并不见得就使他成为一个冷酷无情的畜生，也许还可以格外增加他对于同类的同情心，格外使他深信互助的重要，格外使他注重人为的努力以减免天然竞争的惨酷与浪费。——总而言之，这个自然主义的人生观里，未尝没有美，未尝没有诗意，未尝没有道德的责任，未尝没有充分运用“创造的智慧”的机会。

我这样粗枝大叶的叙述，定然不能使信仰的读者满意，或使不信仰的读者心服。这个新人生观的满意的叙述与发挥，那正是这本书和这篇序所期望能引起的。

十二，十一，廿九　在上海

科学的人生观

今天讲的题目，就是“科学的人生观”，研究人是什么东西？在宇宙中占据什么地位？人生究竟有何意味？因为少年人近来觉得很烦闷，自杀、颓废的都有，我比较至少多吃了几斤盐，几担米，所以来计划计划，研究自身人的问题。至于人生观，各人不同，都随环境而改变，不可以一个人的人生观去统理一切；因为公有公理，婆有婆理：我们至少要以科学的立场，去研究它，解决它。

“科学的人生观”有两个意思：第一拿科学做人生观的基础；第二拿科学的态度、精神、方法，做我们生活的态度，生活的方法。

现在先讲第一点，就是人生是什么？人生是啥物事？拿科学的研究结果来讲，我在民国十二年发表了十条，这十条就是武昌有一个主教，称为新的十诫，说我是中华基督教的危险物的。十条内容如下：

1. 要知道空间的大

拿天文、物理考察，得着宇宙之大；从前孙行者翻筋斗，一翻翻到南天门，一翻翻到下界，天的观念，何等的小？现在从地球到银河中间的最近的一个星，中间距离，照孙行者一秒钟翻十万八千里的速率计算，恐怕翻一万万年也翻不到，宇宙是何等的大？地球是宇宙间的沧海之一粟，九牛之一毛；我们人类，更是小，真是不成东西的东西！以前看得人的地位太重了，以为是万物之灵，同大地并行，凡是政治不良，就有彗星、地震的征象，这是错的。从前王充很能见得到，说："一个虱子不能改变那裤子里的空气，和那人类不能改变皇天一样。"所以我们眼光要大。

2. 时间是无穷的长

从地质学、生物学的研究，晓得时间是无穷的长，以前开口五千年，闭口五千年，以为目空一切；不料世界太阳系的存在，有几万万年的历史，地球也有几万万年，生物至少有几千万年，人类也有二三百万年，所以五千年占很小的地位。明白了时间之长，就可以看见各种进步的演变，不是上帝一刻可以造成的。

3. 宇宙间自然的行动

根据了一切科学，知道宇宙、万物都有一定不变的自然行动。"自然自己，也是如此"，就是自己自然如此，各物自己如此的行动，并没有一种背后的指示，或是一个主宰去规范他们。明白了这点，对于月蚀是月亮被天狗所吞的种种迷信，可以打破了。

4. 物竞天择的原理

从生物学的智识，可以看到物竞天择的原理。鲫鱼下卵有几百万个，但是变鱼的只有几个；否则就要变成“鱼世界”了！大的吃小的，小的又吃更小的，人类都是如此。从此晓得人生不受安排，是自己如此的行动；否则要安排起来，为什么不安排一个完善的世界呢？

5. 人是什么东西

从社会学、生理学、心理学方面去看，人是什么东西？吴稚晖先生说：“人是两手一个大脑的动物，与其他的不同，只在程度上的区别罢了。”人类的手，与鸡、鸭的掌差不多，实是他们的弟兄辈。

6. 人类是演进的

根据了人种学来看，人类是演进的；因为要应付环境，所以要慢慢的变；不变不能生存，要灭亡了。所以从下等的动物，慢慢演进到高等的动物，现在还是演进。

7. 心理受因果律的支配

根据了心理学、生物学来讲，心理现状是有因果律的。思想、做梦，都受因果律的支配，是心理、生理的现象，和头痛一般；所以人的心理说是超过一切，是不对的。

8. 道德、礼教的变迁

照生理学、社会学来讲，人类道德、礼教也变迁的。以前以为脚小是美观，但是现在脚小要装大了。所以道德、礼教的观念，正在改进。以二十年、二百年或二千年以前的标准，来判断二十年、二百年、二千年后的状况，是格格不相入的。

9. 各物都有反应

照物理、化学来讲，物质是活的，原子分为电子，是动的。石头倘然加了化学品，就有反应，像人打了一记，就有反动一样。不同的，只在程度不同罢了。

10. 人的不朽

根据一切科学智识，人是要死的，物质上的腐败，和猫死狗死一般。但是个人不朽的工作，是功德：在立德，立功，立言。善恶都是不朽。一块痰中，有微生物，这菌能散布到空间，使空气都恶化了；人的言语，也是一样。凡是功业、思想，都能传之无穷；匹夫匹妇，都有其不朽的存在。

我们要看破人世间，时间之伟大，历史的无穷，人是最小的动物，处处都在演进，要去掉那小我的主张，但是那小小的人类，居然现在对于制度、政治各种都有进步。

以前都是拿科学去答复一切，现在要用什么方法去解决人生，就是哪哼生活？各人有各人的方法，但是，至少要有那科学的方法、精神、态度去做。分四点来讲：

1. 怀疑

第一点是怀疑。三个弗相信的态度，人生问题就很多。有了怀疑的态度，就不会上当。以前我们幼时的智识，都从阿金、阿狗、阿毛等黄包车夫、娘姨处学来；但是现在自己要反省，问问以前的智识是否靠得住？

2. 事实

我们要实事求是，现在像贴贴标语，什么打倒田中义一等，都仅务虚名，像豆腐店里生意不好，看看“对我生财”泄闷一样。又像是以前的画符，一画符病就好的思想。贴了打倒帝国主义，帝国主义就真个打倒了么？这不对，我们应做切实的工作，奋力的做去。

3. 证据

怀疑以后，相信总要相信，但是相信的条件，就是拿凭据来。有了这一句，论理学诸书，都可以不读。赫胥黎的儿子死了以后，宗教家去劝他信教，但是他很坚决的说，“拿有上帝的证据来！”有了这种态度，就不会上当。

4. 真理

朝夕的去求真理，不一定要成功，因为真理无穷，宇宙无穷；我们去寻求，是尽一点责任，希望在总分上，加上万万分之一。胜固是可喜，败也不足忧。明知赛跑，只有一个人第一，我们还要跑去，不是为我为私，是为大家。发明不是为发财，是为人类。英国有一个医生，发明了一种治肺的药。但是因为自秘，就被医学会开除了。

所以科学家是为求真理。庄子虽有“吾生也有涯，而知也无涯，以有涯随无涯，殆已”的话头，但是我们还要向上做去，得一分就是一分，一寸就是一寸，可以有亚基米特氏[1]发现浮力时叫“Eureka”的快活。有了这种精神，做人就不会失望。所以人生的意味，全靠你自己的工作；你要它圆就圆，方就方，是有意味；因为真理无穷，趣味无穷，进步快活也无穷尽。

（原载于1928年6月1日至2日上海《民国日报·觉悟》副刊）

1 现多译为“阿基米德”。——编者注。

少年中国之精神

前番太炎先生，话里面说现在青年的四种弱点，都是很可使我们反省的。他的意思是要我们少年人：一、不要把事情看得太容易了；二、不要妄想凭借已成的势力；三、不要虚慕文明；四、不要好高骛远。这四条都是消极的忠告。我现在且从积极一方面提出几个观念，和各位同志商酌。

1. 少年中国的逻辑

逻辑即是思想、辩论、办事的方法。一般中国人现在最缺乏的就是一种正当的方法。因为方法缺乏，所以有下列的几种现象：（一）灵异鬼怪的迷信，如上海的盛德坛及各地的各种迷信；（二）谩骂无理的议论；（三）用诗云子曰作根据的议论；（四）把西洋古人当作无上真理的议论；还有一种平常人不很注意的怪状，我且称他为“目的热”，就是迷信一些空虚的大话，认为高尚的目的；全不问这种观念的意义究竟如何；今天有人说：“我主张统一和平”，大家齐声喝彩，就请他做内阁总理；明天又有人说：“我主张和平统一”，大家又齐声叫好，就举他做大总统；此外还有什么“爱国”哪，“护法”哪，“孔教”哪，“卫道”哪……许多空虚的名词；意义不曾确定，也都有许多人随声附和，认为天经地义，这便是我所说的“目的热”。以上所说各种现象都是缺乏方法的表示。我们既然自认为“少年中国”，不可不有一种新方法；这种新方法，应该是科学的方法；科学方法，不是我在这短促时间里所能详细讨论的，我且略说科学方法的要点：

第一注重事实

科学方法是用事实作起点的，不要问孔子怎么说，柏拉图怎么说，康德怎么说；我们须要先从研究事实下手，凡游历调查统计等事都属于此项。

第二注重假设

单研究事实，算不得科学方法。王阳明对着庭前的竹子做了七天的“格物”工夫，格不出什么道理来，反病倒了，这是笨伯的“格物”方法；科学家最重“假设”（Hypothesis）。观察事物之后，自然有几个假定的意思；我们应该把每一个假设所涵的意义彻底想出，看那意义是否可以解释所观察的事实？是否可以解决所遇的疑难？所以要博学；正是因为博学方才可以有许多假设，学问只是供给我们种种假设的来源。

第三注重证实

许多假设之中，我们挑出一个，认为最合用的假设；但是这个假设是否真正合用？必须实地证明。有时候，证实是很容易的；有时候，必须用“试验”方才可以证实。证实了的假设，方可说是“真”的，方才可用。一切古人今人的主张、东哲西哲的学说，若不曾经过这一层证实的工夫，只可作为待证的假设，不配认作真理。

少年的中国，中国的少年，不可不时时刻刻保存这种科学的方法，实验的态度。

2. 少年中国的人生观

现在中国有几种人生观都是“少年中国”的仇敌：第一种是醉生梦死的无意识生活，固然不消说了；第二种是退缩的人生观，如静坐会的人，如坐禅学佛的人，都只是消极的缩头主义。这些人没有生活的胆子，不敢冒险，只求平安，所以变成一班退缩懦夫；第三种是野心的投机主义，这种人虽不退缩，但为完全自己的私利起见，所以他们不惜利用他人，作他们自己的器具，不惜牺牲别人的人格和自己的人格，来满足自己的野心；到了紧要关头，不惜作伪，不惜作恶，不顾社会的公共幸福，以求达他们自己的目的。这三种人生观都是我们该反对的。

少年中国的人生观，依我个人看来，该有下列的几种要素：

第一须有批评的精神

一切习惯、风俗、制度的改良，都起于一点批评的眼光；个人的行为和社会的习俗，都最容易陷入机械的习惯，到了“机械的习惯”的时代，样样事都不知不觉的做去，全不理会何以要这样做，只晓得人家都这样做故我也这样做，这样的个人便成了无意识的两脚机器，这样的社会便成了无生气的守旧社会，我们如果发愿要造成少年的中国，第一步便须有一种批评的精神；批评的精神不是别的，就是随时随地都要问我为什么要这样做？为什么不那样做？

第二须有冒险进取的精神

我们须要认定这个世界是很多危险的，定不太平的，是需要冒险的；世界的缺点很多，是要我们来补救的；世界的痛苦很多，是要我们来减少的；世界的危险很多，是要我们来冒险进取的。俗语说得好：“成人不自在，自在不成人。”我们要做一个人，岂可贪图自在；我们要想造一个“少年的中国”，岂可不冒险；这个世界是给我们活动的大舞台，我们既上了台，便应该老着面皮，拼着头皮，大着胆子，干将起来；那些缩进后台去静坐的人都是懦夫，那些袖着双手只会看戏的人，也都是懦夫；这个世界岂是给我们静坐旁观的吗？那些厌恶这个世界梦想超生别的世界的人，更是懦夫，不用说了。

第三须要有社会协进的观念

上条所说的冒险进取，并不是野心的，自私自利的；我们既认定这个世界是给我们活动的，又须认定人类的生活全是社会的生活，社会是有机的组织，全体影响个人，个人影响全体，社会的活动是互助的，你靠他帮忙，他靠你帮忙，我又靠你同他帮忙，你同他又靠我帮忙；你少说了一句话，我或者不是我现在的样子，我多尽了一分力，你或者也不是你现在这个样子，我和你多尽了一分力，或少做了一点事，社会的全体也许不是现在这个样子，这便是社会协进的观念。有这个观念，我们自然把人人都看作同力合作的伴侣，自然会尊重人人的人格了；有这个观念，我们自然觉得我们的一举一动都和社会有关，自然不肯为社会造恶因，自然要努力为社会种善果，自然不致变成自私自利的野心投机家了。

少年的中国，中国的少年，不可不时时刻刻保存这种批评的、冒险进取的、社会的人生观。

3. 少年中国的精神

少年中国的精神并不是别的，就是上文所说的逻辑和人生观；我且说一件故事做我这番谈话的结论：诸君读过英国史的，一定知道英国前世纪有一种宗教革新的运动，历史上称为“牛津运动”（The Oxford Movement），这种运动的几个领袖如客白尔（Keble）、纽曼（Newman）、福鲁德（Froude）诸人，痛恨英国国教的腐败，想大大的改革一番；这个运动未起事之先，这几位领袖做了一些宗教性的诗歌写在一个册子上，纽曼摘了一句荷马的诗题在册子上，那句诗是“You shall see the difference now that we are back again！”翻译出来即是“如今我们回来了，你们看便不同了！”

少年的中国，中国的少年，我们也该时时刻刻记着这句话：

如今我们回来了，你们看便不同了！

这便是少年中国的精神。

（原载于1919年《少年中国》第1期）

工程师的人生观

今天要赶十点四十分钟的飞机到台东，所以只能很简单地说几句话，很为抱歉。报上说我作学术讲演，这是不敢当。我是来向工学院拜寿的。昨夜我问秦院长希望我送什么礼物。晚上想想，认为最好的礼物，是讲讲工程师的思想史同哲学史。所以我便以此送给各位。

究竟什么算是工程师的哲学呢？什么算是工程师的人生观呢？因为时间很短，我当然不能把这个大的题目讲得满意，只是提出几点意思，给现在的工程师同将来的工程师作个参考。法国从前有一位科学家柏格生（Bergson）说：“人是制器的动物。”过去有许多人说：“人是有效力的动物。”也有许多人说：“人是理智的动物。”而柏格生说：“人是能够制造器具的动物。”这个初造器具的动物，是工程师的老祖宗。什么叫做工程师呢？工程师的作用，在能够找出自然界的利益，强迫自然世界把它的利益一个一个贡献出来；就是改造自然、征服自然、控制自然，以减除人的痛苦，增加人的幸福。这是工程师哲学的简单说法。

大家都承认：学作工程师的，每天在课堂里面上应该上的课，在试验室里面作应该作的试验，也许忽略了最大的目标，或者忽略了真正的基本——工程师的人生观。所以这个题目，是值得我们考虑的。

昨天在工学院教授座谈会中，我说，我到了六十二岁，还不知道我专门学的什么。起初学农；以后弄弄文学，弄弄哲学，弄弄历史；现在搞《水经注》，人家说我改弄地理。也许六十五岁以后、七十岁的时候，说不定要到工学院作学生；只怕工学院的先生们不愿意收一个老学徒，说“老狗教不会新把戏”。今天在工学院作学生不够资格的人，要来谈谈现在的工程师同将来的工程师的人生观，实属狂妄，就是，有点大胆。不过我觉得我这个意思，值得提出来说说。人是能够制造器具的动物，别的动物，也有能够制造东西的，譬如：蜘蛛能够制造网，蜜蜂能够制造蜜糖，珊瑚虫能够制造珊瑚岛。而我们人同这些动物之所以不同，就是蜘蛛制造网的丝，是从肚子里出来的，它肚子里有无穷无尽的丝；蜜蜂采取百花，经一番制造，作成的确比原料高明的蜜糖：这些动物，可算是工程师；但是它的范围，它用的，只是它自己的本能。珊瑚虫能够做成很大的珊瑚岛，也是本能的。人，如果只靠他的本能，讲起来也是有限得很的！人与蜘蛛、蜜蜂、珊瑚虫所以不同，是在他充分运用聪明才智，揭发自然的秘密，来改造自然，征服自然，控制自然。控制自然，为的是什么呢？不是像蜘蛛制网，为的捕虫子来吃；人的控制自然，为的是要减轻人的劳苦，减除人的痛苦，增加人的幸福，使人类的生活格外的丰富，格外有意义。这是“科学与工业的文化”的哲学。我觉得柏格生这个“人”的定义，同我们刚才简单讲的工程师的哲学，工程师的人生观，工程师的目标，是值得我们随时想想，随时考虑的。

这个话同这个目标，不是外国来的东西，可以说是我们老祖宗在几百年，甚至几千年以前，就有了这种理想了。目前有些人提倡读经；我倒很愿意为工程师背几句经书，来说明这个理想。

人如何能控制自然，制造器具呢？人控制自然这个观念，无论东方的圣人贤人，西方的圣人贤人，都是同样有的。我现在提出我们古人的几句话，使大家知道工程师的哲学，并不是完全外来的洋货。我常常喜欢把《易经·系辞》里面几句话翻成外国文给外国人看。这几句话是："见乃谓之象；形乃谓之器；制而用之谓之法；利用出入，民咸用之，谓之神。"看见一个意思，叫做象；把这个意象变成一种东西——形，叫做器；大规模的制造出来，叫做法；老百姓用工程师制造出来的这些器具，都说好呀！好呀！但是不晓得这器具是从一种意象来的，所以看见工程师便叫做神。

希腊神话，说火是从天上偷来的；中国历史上发明火的燧人氏被称为古帝之一——神。火，是一个大发明。发明火的人，是一个大工程师。我刚才所举《易经·系辞》，从一个观念——意象——造成器具，这个意思，是了不得的。人类历史上所谓文化的进步，完全在制造器具的进步。文化的时代，是照工程师的成绩划分的。人类第一发明是火；大体说来，火的发现是文化的开始。下去为石器时代。无论旧石器时代，新石器时代，都是人类用智慧把石头造成器具的时候。再下去为青铜器时代。用铜制造器具，这是工程师最大的贡献。再下去为铁的时代。这是一个大的革命。后来把铁炼成钢。再下去发明蒸汽机，为蒸汽机时代。再下去运用电力，为电力的时代。现在为原子能时代。这都是制器的大进步。每一个大时代，都只是制器的原料与动力的大革命。从发明火以后，石器时代，铜器时代，铁器时代，电力时代，原子能时代；这些文化的阶段，都是依工程师所创造划分的。

这种理想，中国历史上，早就有了的。工学院水工试验室要我写字，我写了两句话。这两句话，是《荀子·天论》篇里面的。《荀子·天论》篇，是中国古代了不得的哲学，也就是西方柏格生征服自然，以为人用的思想。《荀子·天论》篇说："从天而颂之，孰与制天命而用之？大天而思之，孰与物蓄而制裁之？"这个文字，依照清代学者校勘，稍须改动。但意思没有改动。"从天而颂之"，是说服从自然。"从天而颂之，孰与制天命而用之？"两句话联起来说，意思是：跟着自然走而歌颂，不如控制自然来用。"大天而思之"，是问自然是怎样来的。"大天而思之，孰与物蓄而制裁之？"是说：问自然从那里来的，不如把自然看成一种东西，养它、制裁它。把自然控制来用，中国思想史上只有荀子才说得这样彻底。从这两句话，也可以看出中国在两千二三百年前，就有控制天命——古人所谓天命，就是自然——把天命看作一种东西来用的思想。

"穷理致知"四个字，是代表七八百年前——十一世纪到十二世纪——宋朝的思想的。宋代程子、朱子提倡格物——穷理——的哲学。什么叫做"格物"呢？这有七十几种说法。今天我们不去研究这些说法。照程子、朱子的解释，"格物"是"即物而穷其理。……即凡天下之物，莫不因其已知之理而益穷之，以求至乎其极。"这样的格物致知，可以扩大人的智识。程子说，"今天格一物，明天格一物，习而久之，自然贯通。”有人以范围问他；他说，“上自天地之高大，下至一草一木，都要格的。”这个范围，就是科学的范围，工程师的范围。

两千二三百年前，荀子就有“制天命而用之”的思想；七八百年前，程子、朱子就有格物——穷理——的哲学。这是科学的哲学，可算是工程师的哲学。我们老祖宗有这样好的思想、哲学，为什么不能作到科学工业的文化呢？简单一句话，我们不幸得很，二千五百年以前的时候，已经走上了自然主义的哲学一条路了。像《老子》《庄子》，以及更后的《淮南子》，都是代表自然主义思想的。这种自然主义的哲学发达的太早，而自然科学与工业发达的太迟：这是中国思想史的大缺点。

刚才讲的，人是用智慧制造器具的动物。这样，人就要天天同自然界接触，天天动手动脚的，抓住实物，把实物来玩，或者打碎它，煮它，烧它。玩来玩去，就可以发现新的东西，走上科学工业的一条路。比方“豆腐”，就是把豆子磨细，用其他的东西来点，来试验；一次，二次，……经过许多次的试验，结果点成浆，做成功豆腐；做成功豆腐还不够，还要做豆腐干，豆腐乳。豆腐的做成，很显然的，是与自然界接触，动手、动脚，多方试验的结果，不是对自然界看看，想想，或作一首诗恭维自然界就行了的。

顶好一个例子，是格物哲学到了明朝的一个故事。明朝有一位大哲学家王阳明，他说：“照程子、朱子的说法，要做圣人，要‘即物而穷其理’。‘即物穷理’，你们没有试验过，我王阳明试验过了。”有一天，他同一位姓钱的朋友研究格物，并由钱先生动手格竹子，拿一个凳子坐在竹子旁边望，望了三天三夜，格不出来，病了。王阳明说：

“你不够做圣人，我来格。”也端把椅子对着竹子望；望了一天一夜，两天两夜，……到了七天七夜，王阳明也格不出来，病了。于是王阳明说：“我们不配作圣人，不能格物。”从这个故事，可以看出传统的不动手动脚，拿天然实物来玩的习惯。今天工学院植物系的学生格竹子，是要把竹子劈开，用显微镜来细细的看，再加上颜色的水，作各种的试验，然后就可以判定竹子在工业上的地位。为什么王阳明格不出来，今天的工程师可以格出来？因王阳明没有动手动脚作器具的习惯，今天的工程师有动手动脚作器具的习惯。荀子“制天命而用之”的哲学，终敌不过老子，庄子“错（措）人而思天”的哲学。故程、朱的格物穷理的思想，终不能应用到自然界的实物上去，至多只能在“读书”上（文史的研究上）发生了一点功效。

今天送给各位工程师哲学的人生观，又约略讲一讲我们老祖宗为什么失败；为什么有了这样好的征服天然的理想，穷理致知的哲学，而没有造成功科学文化，工业文化。我们可以了解我们老祖宗让西方人赶上去了。同时，从西方人后来实现了我们老祖宗的理想，我们亦就可以知道，只要振作，是可以迎头赶上的。我们只要二十年、三十年的努力，就可以同世界上科学工业发达的国家站在一样的地位。

二十年前，中国科学社要我作一个社歌；后来请赵元任先生作了乐谱。今天我把这个东西送给各位工程师。这个社歌，一共三段十二句：

我们不崇拜自然。他是一个刁钻古怪；

我们要捶他，煮他，要叫他听我们的指派。

我们要他给我们推车；我们要他给我们送信。
我们要揭穿他的秘密，好叫他服事我们人。

我们唱天行有常；我们唱致知穷理。
明知道真理无穷，进一寸有一寸的欢喜。

（原载于1952年12月28日台北《中央日报》）

不朽——我的宗教

不朽有种种说法，但是总括看来，只有两种说法是真有区别的。一种是把“不朽”解作灵魂不灭的意思。一种就是《春秋左传》上说的“三不朽”。

1. 神不灭论

宗教家往往说灵魂不灭，死后须受末日的裁判：做好事的享受天国天堂的快乐，做恶事的要受地狱的苦痛。这种说法，几千年来不但受了无数愚夫愚妇的迷信，居然还受了许多学者的信仰。但是古今来也有许多学者对于灵魂是否可离形体而存在的问题，不能不发生疑问。最重要的如南北朝人范缜的《神灭论》说：“形者神之质，神者形之用。……神之于质，犹利之于刀；形之于用，犹刀之于利。……舍利无刀，舍刀无利。未闻刀没而利存，岂容形亡而神在？”宋朝的司马光也说：“形既朽灭，神亦飘散，虽有剉烧舂磨，亦无所施。”但是司马光说“形既朽灭，神亦飘散”，还不免把形与神看作两件事，不如范缜说的更透彻。范缜说人的神灵即是形体的作用，形体便是神灵的形质。正如刀子是形质，刀子的利钝是作用；有刀子方才有利钝，没有刀子便没有利钝。人有形体方才有作用：这个作用，我们叫做“灵魂”。若没有形体，便没有作用了，便没有灵魂了。范缜这篇《神灭论》出来的时候，惹起了无数人的反对。梁武帝叫了七十几个名士作论驳他，都没有什么真有价值的论议。其中只有沈约的《难神灭论》说：“利若遍施四方，则利体无处复立；利之为用正存一边毫毛处耳。神之与形，举体若合，又安得同乎？若以此譬为尽耶，则不尽；若谓本不尽耶，则不可以为譬也。”这一段是说刀是无机体，人是有机体，故不能彼此相比。这话固然有理，但终不能推翻“神者形之用”的议论。近世唯物派的学者也说人的灵魂并不是什么无形体，独立存在的物事，不过是神经作用的总名；灵魂的种种作用都即是脑部各部分的机能作用；若有某部被损伤，某种作用即时废止；人年幼时脑部不曾完全发达，神灵作用也不能完全，老年人脑部渐渐衰耗，神灵作用也渐渐衰耗。这种议论的大旨，与范缜所说“神者形之用”正相同。但是有许多人总舍不得把灵魂打消了，所以咬住说灵魂另是一种神秘玄妙的物事，并不是神经的作用。这个“神秘玄妙”的物事究竟是什么，他们也说不出来，只觉得总应该有这么一件物事。既是“神秘玄妙”，自然不能用科学试验来证明他，也不能用科学试验来驳倒他。既然如此，我们只好用实验主义（Pragmatism）的方法，看这种学说的实际效果如何，以为评判的标准。依此标准看来，信神不灭论的固然也有好人，信神灭论的也未必全是坏人。即如司马光、范缜、赫胥黎一类的人，说不信灵魂不灭的话，何尝没有高尚的道德？更进一层说，有些人因为迷信天堂，天国，地狱，末日裁判，方才修德行善，这种修行全是自私自利的，也算不得真正道德。总而言之，灵魂灭不灭的问题，于人生行为上实在没有什么重大影响；既没有实际的影响，检直可说是不成问题了。

2. 三不朽说

《左传》说的三种不朽是：（一）立德的不朽，（二）立功的不朽，（三）立言的不朽。“德”便是个人人格的价值，像墨翟、耶稣一类的人，一生刻意孤行，精诚勇猛，使当时的人敬爱信仰，使千百年后的人想念崇拜。这便是立德的不朽。“功”便是事业，像哥仑布发现美洲，像华盛顿造成美洲共和国，替当时的人开一新天地，替历史开一新纪元，替天下后世的人种下无量幸福的种子。这便是立功的不朽。“言”便是语言著作，像那《诗经》三百篇的许多无名诗人，又像陶潜、杜甫、莎士比亚、易卜生一类的文学家，又像柏拉图、卢梭、弥儿一类的文学家，又像牛顿、达尔文一类的科学家，或是做了几首好诗使千百年后的人欢喜感叹；或是做了几本好戏使当时的人鼓舞感动，使后世的人发愤兴起；或是创出一种新哲学，或是发明了一种新学说，或在当时发生思想的革命，或在后世影响无穷。这便是立言的不朽。总而言之，这种不朽说，不问人死后灵魂能不能存在，只问他的人格，他的事业，他的著作有没有永远存在的价值。即如基督教徒说耶稣是上帝的儿子，他的神灵永永存在，我们正不用驳这种无凭据的神话，只说耶稣的人格，事业和教训都可以不朽，又何必说那些无谓的神话呢？又如孔教会的人每到了孔丘的生日，一定要举行祭孔的典礼，还有些人学那“朝山进香”的法子，要赶到曲阜孔林去对孔丘的神灵表示敬意。其实孔丘的不朽全在他的人格与教训，不在他那“在天之灵”。大总统多行两次丁祭，孔教会多行两次“朝山进香”，就可以使孔丘格外不朽了吗？更进一步说，像那《三百篇》里的诗人，也没有姓名，也没有事实，但是他们都可说是立言的不朽。为什么呢？因为不朽全靠一个人的真价值，并不靠姓名事实的流传，也不靠灵魂的存在。试看古今来的多少大发明家，那发明火的，发明养蚕的，发明缫丝的，发明织布的，发明水车的，发明舂米的水碓的，发明规矩的，发明秤的，……虽然姓名不传，事实湮没，但他们的功业永远存在，他们也就都不朽了。这种不朽比那个人的小小灵魂的存在，可不是更可宝贵，更可羡慕吗？况且那灵魂的有无还在不可知之中，这三种不朽——德，功，言——可是实在的。这三种不朽可不是比那灵魂的不灭更靠得住吗？

以上两种不朽论，依我个人看来，不消说得，那“三不朽说”是比那“神不灭说”好得多了。但是那“三不朽说”还有三层缺点，不可不知。第一，照平常的解说看来，那些真能不朽的人只不过那极少数有道德，有功业，有著述的人。还有那无量平常人难道就没有不朽的希望吗？世界上能有几个墨翟、耶稣，几个哥仑布、华盛顿，几个杜甫、陶潜，几个牛顿、达尔文呢？这岂不成了一种“寡头”的不朽论吗？第二，这种不朽论单从积极一方面着想，但没有消极的裁制。那种灵魂的不朽论既说有天国的快乐，又说有地狱的苦楚，是积极消极两方面都顾着的。如今单说立德可以不朽，不立德又怎样呢？立功可以不朽，有罪恶又怎样呢？第三，这种不朽论所说的“德，功，言”三件，范围都很含糊。究竟怎样的人格方才可算是“德”呢？怎样的事业方才可算是“功”呢？怎样的著作方才可算是“言”呢？我且举一个例。哥仑布发现美洲固然可算得立了不朽之功，但是他船上的水手火头又怎样呢？他那只船的造船工人又怎样呢？他船上用的罗盘器械的制造工人又怎样呢？他所读的书的著作者又怎样呢？……举这一条例，已可见“三不朽”的界限含糊不清了。

因为要补足这三层缺点，所以我想提出第三种不朽论来请大家讨论。我一时想不起别的好名字，姑且称他做“社会的不朽论”。

3. 社会的不朽论

社会的生命，无论是看纵剖面，是看横截面，都像一种有机的组织。从纵剖面看来，社会的历史是不断的；前人影响后人，后人又影响更后人；没有我们的祖宗和那无数的古人，又哪里有今日的我和你？没有今日的我和你，又哪里有将来的后人？没有那无量数的个人，便没有历史，但是没有历史，那无数的个人也决不是那个样子的个人：总而言之，个人造成历史，历史造成个人。从横截面看来，社会的生活是交互影响的：个人造成社会，社会造成个人：社会的生活全靠个人分功合作的生活，但个人的生活，无论如何不同，都脱不了社会的影响；若没有那样这样的社会，决不会有这样那样的我和你；若没有无数的我和你，社会也决不是这个样子。来勃尼慈[1]（Leibnitz）说得好：

这个世界乃是一片大充实（Plenum，为真空Vacuum之对），其中

1 现多译为“莱布尼茨”。——编者注。

一切物质都是接连着的。一个大充实里面有一点变动，全部的物质都要受影响，影响的程度与物体距离的远近成正比例。世界也是如此。每一个人不但直接受他身边亲近的人的影响，并且间接又间接的受距离很远的人的影响。所以世间的交互影响，无论距离远近，都受得着的。所以世界上的人，每人受着全世界一切动作的影响。如果他有周知万物的智慧，他可以在每人的身上看出世间一切施为，无论过去未来都可看得出，在这一个现在里面便有无穷时间空间的影子。（见*Monadology*[1]第六十一节）

从这个交互影响的社会观和世界观上面，便生出我所说的“社会的不朽论”来。我这“社会的不朽论”的大旨是：

我这个“小我”不是独立存在的，是和无量数小我有直接或间接的交互关系的；是和社会的全体和世界的全体都有互为影响的关系的；是和社会世界的过去和未来都有因果关系的。种种从前的因，种种现在无数“小我”和无数他种势力所造成的因，都成了我这个“小我”的一部分。我这个“小我”，加上了种种从前的因，又加上了种种现在的因，传递下去，又要造成无数将来的“小我”。这种种过去的“小我”，和种种现在的“小我”，和种种将来无穷的“小我”，一代传一代，一点加一滴；一线相传，连绵不断；一水奔流，滔滔不绝：——这便是一个“大我”。“小我”是会消灭的，“大我”是永远不灭的。“小我”是有死的，“大我”是永远不死，永远不朽的。“小我”虽然

1 即《单子论》。——编者注。

会死，但是每一个“小我”的一切作为，一切功德罪恶，一切语言行事，无论大小，无论是非，无论善恶，一一都永远留存在那个“大我”之中。那个“大我”，便是古往今来一切“小我”的纪功碑，彰善祠，罪状判决书，孝子慈孙百世不能改的恶谥法。这个“大我”是永远不朽的，故一切“小我”的事业，人格，一举一动，一言一笑，一个念头，一场功劳，一桩罪过，也都永远不朽。这便是社会的不朽，“大我”的不朽。

那边“一座低低的土墙，遮着一个弹三弦的人”。那三弦的声浪，在空间起了无数波澜；那被冲动的空气质点，直接间接冲动无数旁的空气质点；这种波澜，由近而远，至于无穷空间；由现在而将来，由此刹那以至于无量刹那，至于无穷时间：——这已是不灭不朽了。那时间，那“低低的土墙”外边来了一位诗人，听见那三弦的声音，忽然起了一个念头；由这一个念头，就成了一首好诗；这首好诗传诵了许多人；人读了这诗，各起种种念头；由这种种念头，更发生无量数的念头，更发生无数的动作，以至于无穷。然而那“低低的土墙”里面那个弹三弦的人又如何知道他所发生的影响呢？

一个生肺病的人在路上偶然吐了一口痰。那口痰被太阳晒干了，化为微尘，被风吹起空中，东西飘散，渐吹渐远，至于无穷时间，至于无穷空间。偶然一部分的病菌被体弱的人呼吸进去，便发生肺病，由他一身传染一家，更由一家传染无数人家。如此辗转传染，至于无穷空间，至于无穷时间。然而那先前吐痰的人的骨头早已腐烂了，他又如何知道他所种的恶果呢？

一千五六百年前有一个人叫做范缜说了几句话道：“神之于形，

犹利之于刀；未闻刀没而利存，岂容形亡而神在？”这几句话在当时受了无数人的攻击。到了宋朝有个司马光把这几句话记在他的《资治通鉴》里。一千五六百年之后，有一个十一岁的小孩子——就是我——看《通鉴》到这几句话，心里受了一大感动，后来便影响了他半生的思想行事。然而那说话的范缜早已死了一千五百年了！

二千六七百年前，在印度地方有一个穷人病死了，没人收尸，尸首暴露在路上，已腐烂了。那边来了一辆车，车上坐着一个王太子，看见了这个腐烂发臭的死人，心中起了一念；由这一念，辗转发生无数念。后来那位王太子把王位也抛了，富贵也抛了，父母妻子也抛了，独自去寻思一个解脱生老病死的方法。后来这位王子便成了一个教主，创了一种哲学的宗教，感化了无数人。他的影响势力至今还在；将来即使他的宗教全灭了，他的影响势力终久还存在，以至于无穷。这可是那腐烂发臭的路毙所曾梦想到的吗？

以上不过是略举几件事，说明上文说的“社会的不朽”“大我的不朽”。这种不朽论，总而言之，只是说个人的一切功德罪恶，一切言语行事，无论大小好坏，一一都留下一些影响在那个“大我”之中，一一都与这永远不朽的“大我”一同永远不朽。

上文我批评那“三不朽论”的三层缺点：（一）只限于极少数的人，（二）没有消极的裁制，（三）所说“功，德，言”的范围太含糊了。如今所说“社会的不朽”，其实只是把那“三不朽论”的范围更推广了。既然不论事业功德的大小，一切都可不朽，那第一第三两层短处都没有了。冠绝古今的道德功业固可以不朽，那极平常的“庸言庸行”，油盐柴米的琐屑，愚夫愚妇的细事，一言一笑的微细，也都永远不朽。那发现美洲的哥仑布固可以不朽，那些和他同行的水手火头，造船的工人，造罗盘器械的工人，供给他粮食衣服银钱的人，他所读的书的著作家，生他的父母，生他父母的父母祖宗，以及生育训练那些工人商人的父母祖宗，以及他以前和同时的社会，……都永远不朽。社会是有机的组织，那英雄伟人可以不朽，那挑水的，烧饭的，甚至于浴堂里替你擦背的，甚至于每天替你家掏粪倒马桶的，也都永远不朽。至于那第二层缺点，也可免去。如今说立德不朽，行恶也不朽；立功不朽，犯罪也不朽；“流芳百世”不朽，“遗臭万年”也不朽；功德盖世固是不朽的善因，吐一口痰也有不朽的恶果。我的朋友李守常先生说得好：“稍一失脚，必致遗留层层罪恶种子于未来无量的人——即未来无量的我——永不能消除，永不能忏悔。”这就是消极的裁制了。

中国儒家的宗教提出一个父母的观念，和一个祖先的观念，来做人生一切行为的裁制力。所以说，“一出言而不敢忘父母，一举足而不敢忘父母。”父母死后，又用丧礼祭礼等等见神见鬼的方法，时刻提醒这种人生行为的裁制力。所以又说，“斋明盛服，以承祭祀，洋洋乎如在其上，如在其左右。”又说，“斋三日，则见其所为斋者；祭之日，入室，僾然必有见乎其位；周还出户，肃然必有闻乎其容声；出户而听，忾然必有闻乎其叹息之声。”这都是“神道设教”，见神见鬼的手段。这种宗教的手段在今日是不中用了。还有那种“默示”的宗教，神权的宗教，崇拜偶像的宗教，在我们心里也不能发生效力，不能裁制我们一生的行为。以我个人看来，这种“社会的不朽”观念很可以做我的宗教了。我的宗教的教旨是：

我这个现在的“小我”，对于那永远不朽的“大我”的无穷过去，须负重大的责任；对于那永远不朽的“大我”的无穷未来，也须负重大的责任。我须要时时想着，我应该如何努力利用现在的“小我”，方才可以不辜负了那“大我”的无穷过去，方才可以不遗害那“大我”的无穷未来？

（跋）

这篇文章的主意是民国七年年底当我的母亲丧事里想到的。那时只写成一部分，到八年二月十九日方才写定付印。后来俞颂华先生在报纸上指出我论社会是有机体一段很有语病，我觉得他的批评很有理，故九年二月间我用英文发表这篇文章时，我就把那一段完全改过了。十年五月，又改定中文原稿，并记作文与修改的缘起于此。

（原载于1919年2月15日《新青年》第6卷第2号）

大宇宙中谈博爱

“博爱”就是爱一切人。这题目范围很大。在未讨论以前，让我们先看一个问题：“我们的世界有多大？”

我的答复是“很大！”我从前念《千字文》的时候，一开头便已念到这样的辞句：“天地玄黄，宇宙洪荒。”宇宙是中国的字，和英文的Universe，World意思差不多，都是抽象名词。宇是空间（Space）即东南西北，宙是时间（Time）即古今旦暮。《淮南子》说宇是上下四方，宙是古往今来。宇宙就是天地，宇宙就是Time-Space。古人能得“Universe”的观念实在不易，相当合于今日的科学。但古人所见的空间很小，时间很短，现在的观念已扩大了许多。考古学探讨千万年的事，地质学、古生物学、天文学等等不断的发现，更将时间空间的观念扩大。

现在的看法：空间是无穷的大，时间是无穷的长。

古人只见到八大行星，二十年前只见九大行星。现在所谓的银河，是古代所未能想象得到的。以前觉得太阳很远，现在说起来算不得什么，因为比太阳远千万倍的东西多得很。

科学就这样地答复了“宇宙究竟有多大？”这个问题。

现在谈第二点：博爱。

在这个大世界里谈博爱，真是个大问题。广义的爱，是世界各大宗教的最终目的。墨子可谓中国历史上最了不起的人，可说是宗教创立者（Founder of Religion），他提出“兼爱”为他的理论中心。兼爱就是博爱，是爱无等差的爱。墨子理论和基督教教义有很多相合的地方，如“爱人如己”“爱我们的仇敌”等。

佛教哲学本谓一切无常，我亦无常，“我”是“四大”（土、水、火、风）偶然结合而成的，是十分简单的东西，因此无所谓爱与恨——根本不值得爱，也不值得恨。但早期佛教亦有爱的意念在：我既无常，可牺牲以为人。

和尚爱众生，但是佛教不准自食其力，所以有人称之为“叫花”（乞丐）宗教。自己的饭亦须取之于人，何能博爱？

古时很多人为了“爱”，每次蹲坑（大便）的时候便想，想，大想一番，想到爱人。有些人则以身喂蚊，或以刀割肉，以自身所受的痛苦来显示他们对人的爱。这种爱的方法，只能做到牺牲自己，在现代的眼光看来，是可笑的。这种博爱给人的帮助十分有限，与现代的科学——工程、医学等所能给我们的“博爱”比起来，力量实在小得可怜。今日的科学增进了人类互助博爱的能力。就说最近意大利邮船Andrea Doria号遇难的事吧，短短的数小时内就救起千多人。近代交通、医学等的发达，减少了人类无数的痛苦。

我们要谈博爱，一定要换一观念。古时那种喂蚊割肉的博爱，等于开空头支票，毫无价值。现在的科学才能放大我们的眼光，促进我们的同情心，增加我们助人的能力。我们需要一种以科学为基础的博爱——一种实际的博爱。

孔子说："修己以敬，修己以安人，修己以安百姓。"修己就是把自己弄好。我们应当先把自己弄好，然后帮助别人；独善其身然后能兼善天下。同学们，现在我们读书的时候，不要空谈高唱博爱；但应先努力学习，充实自己，到我们有充分能力的时候才谈博爱，仍不算迟。

（原载于1957年2月1日香港《灯塔》第8期）

一个问题

我到北京不到两个月。这一天我在中央公园里吃冰，几位同来的朋友先散了；我独自坐着，翻开几张报纸看看，只见满纸都是讨伐西南和召集新国会的话。我懒得看那些疯话，丢开报纸，抬起头来，看见前面来了一男一女，男的抱着一个小孩子，女的手里牵着一个三四岁的孩子。我觉得那男的好生面善，仔细打量他，见他穿一件很旧的官纱长衫，面上很有老态，背脊微有点弯，因为抱着孩子，更显出曲背的样子。他看见我，也仔细打量。我不敢招呼，他们就过去了。走过去几步，他把小孩子交给那女的，他重又回来，问我道："你不是小山吗？"我说："正是。你不是朱子平吗？我几乎不敢认你了！"他说："我是子平，我们八九年不见，你还是壮年，我竟成了老人了，怪不得你不敢招呼我。"

我招呼他坐下，他不肯坐，说他一家人都在后面坐久了，要回去预备晚饭了。我说："你现在是儿女满前的福人了。怪不得要自称老人了。”他叹口气，说，“你看我狼狈到这个样子，还要取笑我？我上个月见着伯安、仲实弟兄们，才知道你今年回国。你是学哲学的人，我有个问题要来请教你，我问过多少人，他们都说我有神经病，不大理会我。你把住址告诉我，我明天来看你。今天来不及谈了。”

我把住址告诉了他，他匆匆的赶上他的妻子，接过小孩子，一同出去了。

我望着他们出去，心里想道：朱子平当初在我们同学里面，要算一个很有豪气的人，怎么现在弄得这样潦倒？看他见了一个多年不见的老同学，一开口就有什么问题请教，怪不得人说他有神经病。但不知他因为潦倒了才有神经病呢？还是因为有了神经病所以潦倒呢？……

第二天一大早，他果然来了。他比我只大得一岁，今年三十岁。但是他头上已有许多白发了。外面人看来，他至少要比我大十几岁。

他还没有坐定，就说：“小山，我要请教你一个问题。”

我问他什么问题，他说：“我这几年以来，差不多没有一天不问自己道：人生在世，究竟是为什么的？我想了几年，越想越想不通。朋友之中也没有人能回答这个问题。起先他们给我一个‘哲学家’的绰号，后来他们竟叫我做朱疯子了！小山，你是见多识广的人，请你告诉我，人生在世，究竟是为什么的？”

我说：“子平，这个问题是没有答案的。现在的人最怕的是有人问他这个问题。得意的人听着这个问题就要扫兴，不得意的人想着这个问题就要发狂。他们是聪明人，不愿意扫兴，更不愿意发狂，所以给你一个疯子的绰号，就算完了。——我要问你，你为什么想到这个问题上去呢？”

他说：“这话说来很长，只怕你不爱听。”

我说我最爱听。他叹了一口气，点着一根纸烟，慢慢的说。以下都是他的话。

我们离开高等学堂那一年，你到英国去了，我回到家乡，生了一场大病，足足的病了十八个月。病好了，便是辛亥革命，把我家在汉口的店业就光复掉了。家里生计渐渐困难，我不能不出来谋事。那时伯安、石生一班老同学都在北京，我写信给他们，托他们寻点事做。后来他们写信给我，说从前高等学堂的老师陈老先生答应要我去教他的孙子。我到北京，就住在陈家。陈老先生在大学堂教书，又担任女子师范的国文，一个月拿的钱很多，但是他的两个儿子都不成器，老头子气得很，发愤要教育他几个孙子成人。但是他一个人教两处书。哪有工夫教小孩子？你知道我同伯安都是他的得意学生，所以他叫我去，给我二十块钱一个月，住的房子，吃的饭，都是他的，总算他老先生的一番好意。

过了半年，他对我说，要替我做媒。说的是他一位同年的女儿，现在女子师范读书，快要毕业了。那女子我也见过一两次，人倒很朴素稳重。但是我一个月拿人家二十块钱，如何养得起家小？我把这个意思回复他，谢他的好意。老先生有点不高兴，当时也没说什么。过了几天，他请了伯安、仲实弟兄到他家，要他们劝我就这门亲事。他说，“子平的家事，我是晓得的。他家三代单传，嗣续的事不能再缓了。二十多岁的少年，那里怕没有事做？还怕养不活老婆吗？我替他做媒的这头亲事是再好也没有的。女的今年就毕业，毕业后还可在本京蒙养院教书，我已经替他介绍好了。蒙养院的钱虽不多，也可以贴补一点家用。他再要怕不够时，我把女学堂的三十块钱让他去教。我老了，大学堂一处也够我忙了。你们看我这个媒人总可算是竭力报效了。”

伯安弟兄把这番话对我说，你想我如何能再推辞。我只好写信告诉家母。家母回信，也说了许多“三代单传，不孝有三，无后为大”的话。又说，“陈老师这番好意，你稍有人心，应该感激图报，岂可不识抬举？”

我看了信，晓得家母这几年因为我不肯娶亲，心里很不高兴，这一次不过是借题发点牢骚。我仔细一想，觉得做了中国人，老婆是不能不讨的，只好将就点罢。

我去找到伯安、仲实，说我答应订定这头亲事，但是我现在没有积蓄，须过一两年再结婚。

他们去见老先生，老先生说：“女孩子今年二十三岁了，他父亲很想早点嫁了女儿，好替他小儿子娶媳妇。你们去对子平说，叫他等女的毕业了就结婚。仪节简单一点，不费什么钱。他要用木器家具，我这里有用不着的，他可以搬去用。我们再替他邀一个公份，也就可以够用了。”

他们来对我说，我没有话可驳回，只好答应了。过了三个月，我租了一所小屋，预备成亲。老先生果然送了一些破烂家具，我自己添置了一点。伯安、石生一些人发起一个公份，送了我六十多块钱的贺仪，只够我替女家做了两套衣服，就完了。结婚的时候，我还借了好几十块钱，才勉强把婚事办了。

结婚的生活，你还不曾经过。我老实对你说，新婚的第一年，的确是很有乐趣的生活。我的内人，人极温和，她晓得我的艰苦，我们从不肯乱花一个钱。我们只用一个老妈，白天我上陈家教书，下午到女师范教书，她到蒙养院教书。晚上回家，我们自己做两样家乡小菜，吃了晚饭，闲谈一会，我改我的卷子，她陪我坐着做点针线。我有时做点文字卖给报馆，有时写到夜深才睡。她怕我身体过劳，每晚到了十二点钟，她把我的墨盒纸笔都收了去，吹灭了灯，不许我再写了。

小山，这种生活，确有一种乐趣。但是不到七八个月，我的内人就病了，呕吐得很厉害。我们猜是喜信，请医生来看，医生说八成是有喜。我连忙写信回家，好叫家母欢喜。老人家果然欢喜得很，托人写信来说了许多孕妇保重身体的法子，还做了许多小孩的衣服小帽寄来。

产期将近了。她不能上课，请了一位同学代她。我添雇了一个老妈子，还要准备许多临产的需要品。好容易生下一个男孩子来。产后内人身体不好，乳水不够，不能不雇奶妈。一家凭空减少了每月十几块钱的进账，倒添上了几口人吃饭拿工钱。家庭的担负就很不容易了。

过了几个月，内人身体复原了，依旧去上课，但是记挂着小孩子，觉得很不方便。看十几块钱的面上，只得忍着心肠做去。

不料陈老先生忽然得了中风的病，一起病就不能说话，不久就死了。他那两个宝贝儿子，把老头子的一点存款都瓜分了，还要赶回家去分田产，把我的三个小学生都带回去了。

我少了二十块钱的进款，正想寻事做，忽然女学堂的校长又换了人，第二年开学时，他不曾送聘书来，我托熟人去说，他说我的议论太偏僻了，不便在女学堂教书。我生了气，也不曾再去求他了。

伯安那时做众议院的议员，在国会里颇出点风头。我托他设法。他托陈老先生的朋友把我荐到大学堂去当一个事务员，一个月拿三十块钱。

我们只好自己刻苦一点，把奶妈和那添雇的老妈子辞了。每月只吃三四次肉。有人请我吃酒，我都辞了不去，因为吃了人的，不能不回请。戏园里是四年多不曾去过了。

但是无论我们怎样节省，总是不够用。过了一年又添了一个孩子。这回我的内人自己给他奶吃，不雇奶妈了。但是自己的乳水不够，我们用开成公司的豆腐浆代他，小孩子不肯吃，不到一岁就殇掉了。内人哭的什么似的。我想起孩子之死全系因为雇不起奶妈，内人又过于省俭，不肯吃点滋养的东西，所以乳水更不够。我看见内人伤心，我心里实在难过。

后来时局一年坏似一年，我的光景也一年更紧似一年。内人因为身体不好，辍课太多，蒙养院的当局颇说嫌话，内人也有点拗性，索性辞职出来。想找别的事做，一时竟寻不着。北京这个地方，你想寻一个三百五百的阔差使，反不费力。要是你想寻二三十块钱一个月的小事，那就比登天还难。到了中、交两行停止兑现的时候，我那每月三十块钱的票子更不够用了。票子的价值越缩下去，我的大孩子吃饭的本事越大起来。去年冬天，又生了一个女孩子，就是昨天你看见我抱着的。我托了伯安去见大学校长，请他加我的薪水，校长晓得我做事认真，加了我十块钱票子，共是四十块，打个七折，四七二十八，你替我算算，房租每月六块，伙食十五块，老妈工钱两块，已是二十三块钱了。剩下五块大钱，每天只派着一角六分大洋做零用钱。做衣服的钱都没有，不要说看报买书了。大学图书馆里虽然有书有报，但是我一天忙到晚，公事一完，又要赶回家来帮内人照应小孩子，哪里有工夫看书阅报？晚上我腾出一点工夫做点小说，想赚几个钱。我的内人向来不许我写过十二点钟的，于今也不来管我了。她晓得我们现在所处的境地，非寻两个外快钱不能过日子，所以只好由我写到两三点钟才睡。但是现在卖文的人多了，我又没有工夫看书，全靠绞脑子，挖心血，没有接济思想的来源，做的东西又都是百忙里偷闲潦草做的，那里会有好东西？所以往往卖不起价钱，有时原稿退回，我又修改一点，寄给别家。前天好容易卖了一篇小说，拿着五块钱，所以昨天全家去逛中央公园，去年我们竟不曾去过。

我每天五点钟起来——冬天六点半起来——午饭后靠着桌子偷睡半个钟头，一直忙到夜深半夜后。忙的是什么呢？我要吃饭，老婆要吃饭，还要喂小孩子吃饭——所忙的不过为了这一件事！

我每天上大学去，从大学回来，都是步行。这就是我的体操，不但可以省钱，还可给我一点用思想的时间，使我可以想小说的布局，可以想到人生的问题。有一天，我的内人的姊夫从南边来，我想请他上一回馆子，家里恰没有钱，我去问同事借，那几位同事也都是和我不相上下的穷鬼，那有钱借人？我空着手走回家，路上自思自想，忽然想到一个大问题，就是“人生在世，究竟是为什么的？”……我一头想，一头走，想入了迷，就站在北河沿一棵柳树下，望着水里的树影子，足足站了两个钟头。等到我醒过来走回家时，天已黑了，客人已走了半天了！

自从那一天到现在，几乎没有一天我不想到这个问题。有时候，我从睡梦里喊着“人生在世，究竟是为什么的？”

小山，你是学哲学的人。像我这样养老婆，喂小孩子，就算做了一世的人吗？……

民国八年

（原载于1919年7月20日《每周评论》第31号）

致即将离开大学校园的青年[1]

毕业班的诸位同学，现在都得离开学校去开始你们自己的事业了，今天的典礼，我们叫作“毕业”，叫作“卒业”，在英文里叫作“始业”（Commencement），你们的学校生活现在有一个结束，现在你们开始进入一段新的生活，开始撑起自己的肩膀来挑自己的担子，所以叫作“始业”。

我今天承毕业班同学的好意，承阁校长的好意，要我来说几句话，我进大学是在五十年前（1910），我毕业是在四十六年前（1914），够得上做你们的老大哥了，今天我用老大哥的资格，应该送你们一点小礼物，我要送你们的小礼物只是一个防身的药方，给你们离开校门，进入大世界，作随时防身救急之用的一个药方。

这个防身药方只有三味药：

1 原题《一个防身药方的三味药》。——编者注。

第一味药叫做“问题丹”。

第二味药叫做“兴趣散”。

第三味药叫做“信心汤”。

第一味药，“问题丹”，就是说：每个人离开学校，总得带一两个麻烦而有趣味的问题在身边作伴，这是你们入世的第一要紧的救命宝丹。

问题是一切知识学问的来源，活的学问、活的知识，都是为了解答实际上的困难，或理论上的困难而得来的。年轻入世的时候，总得有一个两个不大容易解决的问题在脑子里，时时向你挑战，时时笑你不能对付他，不能奈何他，时时引诱你去想他。

只要你有问题跟着你，你就不会懒惰了，你就会继续有智识上的长进了。

学堂里的书，你带不走；仪器，你带不走；先生，他们不能跟你去，但是问题可以跟你走到天边！有了问题，没有书，你自会省吃省穿去买书；没有仪器，你自会卖田卖地去买仪器！没有好先生，你自会去找好师友；没有资料，你自会上天下地去找资料。

各位青年朋友，你今天离开学校，夹袋里准备了几个问题跟着你走？

第二味药，叫做“兴趣散”，这就是说：每个人进入社会，总得多发展一点专门职业以外的兴趣——“业余”的兴趣。

你们多数是学工程的，当然不愁找不到吃饭的职业，但四年前你们选择的专门职业，真是你们自己的自由志愿吗？你们现在还感觉你们手里的文凭真可以代表你们每个人终身的志愿，终身的兴趣吗？——换句话说，你们今天不懊悔吗？明年今天还不会懊悔吗？

你们在这四年里，没有发现什么新的，业余的兴趣吗？在这四年里，没有发现自己在本行以外的才能吗？

总而言之，一个人应该有他的职业，又应该有他的非职业的玩意儿。不是为吃饭而是心里喜欢做的，用闲暇时间做的——这种非职业的玩意儿，可以使他的生活更有趣，更快乐，更有意思，有时候，一个人的业余活动也许比他的职业还更重要。

英国十九世纪的两个哲学家，一个是弥尔（J.S.Mill），他的职业是东印度公司的秘书，他的业余工作使他在哲学上、经济学上、政治思想史上，都有很大的贡献。一个是斯宾塞（Herbert Spencer），他是一个测量工程师，他的业余工作使他成为一个很有势力的思想家。

英国的大政治家邱吉尔[1]，政治是他的终身职业，但他的业余兴趣很多，他在文学、历史，两方面，都有大成就；他用余力作油画，成绩也很好。

今天到自由中国的贵宾，美国大总统艾森豪[2]先生，他的终身职业是军事，人都知道他最爱打高尔夫球，但我们知道他的油画也很有工夫。

各位青年朋友，你们的专门职业是不用愁的了，你们的业余兴趣是什么？你们能做的，爱做的业余活动是什么？

第三味药，我叫他做“信心汤”，这就是说：你总得有一点信心。

---

1 现多译为“丘吉尔”。——编者注。

2 此处指时任美国总统的艾森豪威尔。——编者注。

我们生存在这个年头，看见的、听见的，往往都是可以叫我们悲观、失望的——有时候竟可以叫我们伤心，叫我们发疯。

这个时代，正是我们要培养我们的信心的时候，没有信心，我们真要发狂自杀了。

我们的信心只有一句话："努力不会白费"，没有一点努力是没有结果的。

对你们学工程的青年人，我还用多举例来说明这种信心吗？工程师的人生哲学当然建筑在"努力不白费"的定律的基石之上。

我只举这短短几十年里大家都知道的两个例子：

一个是亨利福特（Henry Ford），这个人没有受过大学教育，他小时半工半读，只读了几年书，十六岁就在一小机器店里做工，每周工钱两块半美金，晚上还得去帮别家做夜工。

五十七年前（1903）他三十九岁，他创立Ford Motor Co.（福特汽车公司），原定资本十万元，只招得两万八千元。

五年之后（1908），他造成了他的最出名的model T 汽车，用全力制造这一种车子。

1913年——我已在大学三年级了，福特先生创立他的第一副"装配线"（Assembly line）。

1914年——四十六年前——他就能够完全用"装配线"的原理来制造他的汽车了。同时（1914）他宣布他的汽车工人每天只工作八点钟，比别处工人少一点钟——而每天最低工钱五元美金，比别人多一倍。

他的汽车开始是九百五十元一部，他逐年减低卖价，从九百五十元直减到三百六十元——第一次世界大战之后，减到二百九十元一部。

他的公司，在创办时（1903）只有两万八千元的资本——到二十三年之后（1926）已值得十亿美金了！已成了全世界最大的汽车公司了。1915年，他造了一百万部汽车；1928年，他造了一千五百万部车。

他的“装配线”的原则在二十年里造成了全世界的“工业新革命”。

福特的汽车在五十年中征服全世界的历史还不能叫我们发生“努力不白费”的信心吗？

第二个例子是航空工程与航空工业的历史。

也是五十七年前——1903年12月17日，正是我十二整岁的生日——那一天，在北加罗林那州的海边Kitty Hawk（基帝霍克）沙滩上，两个修理脚踏车的匠人，兄弟两人，用他们自己制造的一只飞机，在沙滩上试起飞，弟弟叫Owille Wright，他飞起了十二秒钟。哥哥叫Wilbur Wright，他飞起了五十九秒钟。

那是人类制造飞机飞在空中的第一次成功——现在那一天（12月17日）是全美国庆祝的“航空日”——但当时并没有人注意到那两个弟兄的试验，但这两个没有受过大学教育的脚踏车修理匠人，他们并不失望，他们继续试飞，继续改良他们的飞机，一直到四年半之后（1908年5月）才有重要的报纸来报导那两个人的试飞，那时候，他们已能在空中飞三十八分钟了！

这四十年中，航空工程的大发展，航空工业的大发展，这是你们学工程的人都知道的，航空工业在最近三十年里已成了世界最大工业的一种。

我第一次看见飞机是在1912年。我第一次坐飞机是在1930年（30年前）。我第一次飞过太平洋是在二十三年前（1937）；第一次飞过大西洋是在十五年前（1945年），当我第一次飞渡太平洋的时候，从香港到旧金山总共费了七天！去年我第一次坐Jet机，从旧金山到纽约，五个半钟点飞了三千英里！下月初，我又得飞过太平洋，当天中午起飞，当天晚上就到美国西岸了！

五十七年前，Kitty Hawk沙滩上两个脚踏车修理匠人自造的一个飞机居然在空中飞起了十二秒钟，那十二秒钟的飞行就给人类打开了一个新的时代——打开了人类的航空时代。

这不够叫我们深信“努力不会白费”的人生观吗？

古人说：“信心可以移山”（Faith moves mountains），又说，“功不唐捐”（唐是空的意思），又说，“只要工夫深，生铁磨成绣花针。”

青年的朋友，你们有这种信心没有？

（原载于1960年6月19日台北《中央日报》）

第三辑　四十自述

自　序

我在这十几年中，因为深深的感觉中国最缺乏传记的文学，所以到处劝我的老辈朋友写他们的自传。不幸的很，这班老辈朋友虽然都答应了，终不肯下笔。最可悲的一个例子是林长民先生，他答应了写他的五十自述作他五十岁生日的纪念；到了生日那一天，他对我说："适之，今年实在太忙了，自述写不成了；明年生日我一定补写出来。"不幸他庆祝了五十岁的生日之后，不上半年，他就死在郭松龄的战役里，他那富于浪漫意味的一生就成了一部人间永不能读的逸书了！

梁启超先生也曾同样地允许我。他自信他的体力精力都很强，所以他不肯写他的自传。谁也不料那样一位生龙活虎一般的中年作家，只活了五十五岁！虽然他的信札和诗文留下了绝多的传记材料，但谁能有他那样"笔锋常带感情"的健笔，来写他那五十五年最关重要又最有趣味的生活呢！中国近世历史与中国现代文学就都因此受了一桩无法补救的绝大损失了。

我有一次见着梁士诒先生，我很诚恳地劝他写一部自叙，因为我知道他在中国政治史与财政史上，都曾扮演过很重要的角色，所以我希望他替将来的史家留下一点史料。我也知道他写的自传也许是要替他自己洗刷他的罪过；但这是不妨事的，有训练的史家自有防弊的方法；最要紧的是要他自己写他心理上的动机，黑幕里的线索，和他站在特殊地位的观察。前两个月，我读了梁士诒先生的讣告，他的自叙或年谱大概也就成了我的梦想了。

此外，我还劝过蔡元培先生、张元济先生、高梦旦先生、陈独秀先生、熊希龄先生、叶景葵先生。我盼望他们都不要叫我失望。

前几年，我的一位女朋友忽然发愤写了一部六七万字的自传，我读了很感动，认为是中国妇女的自传文学的破天荒的写实创作。但不幸她在一种精神病态中把这部稿本全烧了。当初她每写成一篇寄给我看时，我因为尊重她的意思，不曾替她留一个副本，至今引为憾事。

我的《四十自述》，只是我的“传记热”的一个小小的表现。这四十年的生活可分作三个阶段，留学以前为一段，留学的七年（1910—1917）为一段，归国以后（1917—1931）为一段。我本想一气写成，但因为种种打断，只写成了这第一段的六章。现在我又出国去了，归期还不能确定，所以我接受了亚东图书馆的朋友们的劝告，先印行这几章。这几章都先在《新月》月刊上发表过，现在我都从头校改过，事实上的小错误和文字上的疏忽，都改正了。我的朋友周作人先生、葛祖兰先生和族叔堇人先生，都曾矫正我的错误，都是我最感谢的。

关于这书的体例，我要声明一点。我本想从这四十年中挑出十来个比较有趣味的题目，用每个题目来写一篇小说式的文字，略如第一篇写我的父母的结婚。这个计划曾经得死友徐志摩的热烈的赞许，我自己也很高兴，因为这个方法是自传文学上的一条新路子，并且可以让我（遇必要时）用假的人名地名，描写一些太亲切的情绪方面的生活。但我究竟是一个受史学训练深于文学训练的人，写完了第一篇，写到了自己的幼年生活，就不知不觉地抛弃了小说的体裁，回到了谨严的历史叙述的老路上去了。这一变颇使志摩失望，但他读了那写家庭和乡村教育的一章，也曾表示赞许；还有许多朋友写信来说这一章比前一章更动人。从此以后，我就爽性这样写下去了。因为第一章只是用小说体追写一个传记，其中写那太子会颇有用想象补充的部分，虽然堇人叔来信指出，我也不去更动了。但因为传闻究竟与我自己的亲见亲闻有别，所以我把这一章提出，称为“序幕”。

我的这部《自述》虽然至今没写成，几位旧友的自传，如郭沫若先生的，如李季先生的，都早已出版了。自传的风气似乎已开了。我很盼望我们这几个三四十岁的人的自传的出世，可以引起一班老年朋友的兴趣，可以使我们的文学里添出无数的可读而又可信的传记来。我们抛出几块砖瓦，只是希望能引出许多块美玉宝石来；我们赤裸裸地叙述我们少年时代的琐碎生活，为的是希望社会上做过一番事业的人也会赤裸裸地记载他们的生活，给史家做材料，给文学开生路。

胡适

二二，六，二七，在太平洋上

序幕　我的母亲的订婚

01

太子会是我们家乡秋天最热闹的神会，但这一年的太子会却使许多人失望。

神伞一队过去了。都不过是本村各家的绫伞，没有什么新鲜花样。去年大家都说，恒有绸缎庄预备了一顶珍珠伞。因为怕三先生说话，故今年他家不敢拿出来。

昆腔今年有四队，总算不寂寞。昆腔子弟都穿着“半截长衫”，上身是白竹布，下半是湖色杭绸。每人小手指上挂着湘妃竹柄的小纨扇，吹唱时纨扇垂在笙笛下面摇摆着。

扮戏今年有六出，都是“正戏”，没有一出花旦戏。这也是三先生的主意。后村的子弟本来要扮一出《翠屏山》，也因为怕三先生说话，改了《长坂坡》。其实七月的日光底下，甘糜二夫人脸上的粉已被汗洗光了，就有潘巧云也不会怎样特别出色。不过看会的人的心里总觉得后村很漂亮的小棣没有扮潘巧云的机会，只扮作了糜夫人，未免太可惜了。

今年最扫兴的是没有扮戏的“抬阁”。后村的人早就练好了两架“抬阁”，一架是《龙虎斗》，一架是《小上坟》。不料三先生今年回家过会场，他说抬阁太高了，小孩子热天受不了暑气，万一跌下来，不是小事体。他极力阻止，抬阁就扮不成了。

粗乐和昆腔一队一队地过去了。扮戏一出一出地过去了。接着便是太子的神轿。路旁的观众带着小孩的，都喊道，“拜呵！拜呵！”许多穿着白地蓝花布褂的男女小孩都合掌拜揖。

神轿的后面便是拜香的人！有的穿着夏布长衫，捧着炷香；有的穿着短衣，拿着香炉挂，炉里烧着檀香。还有一些许愿更重的，今天来“吊香”还愿；他们上身穿白布褂，扎着朱青布裙，远望去不容易分别男女。他们把香炉吊在铜钩上，把钩子钩在手腕肉里，涂上香灰，便可不流血。今年吊香的人很多，有的只吊在左手腕上，有的双手都吊；有的只吊一个小香炉，有的一只手腕上吊着两个香炉。他们都是虔诚还愿的人。悬着挂香炉的手腕，跟着神轿走多少里路，虽然有自家人跟着打扇，但也有半途中暑热走不动的。

冯顺弟搀着她的兄弟，跟着她的姑妈，站在路边石磴上看会。她今年十四岁了，家在十里外的中屯，有个姑妈嫁在上庄，今年轮着上庄做会，故她的姑丈家接她姐弟来看会。

她是个农家女子，从贫苦的经验里得着不少的知识，故虽是十四岁的女孩儿，却很有成人的见识。她站在路旁听着旁人批评今年的神会，句句总带着三先生。“三先生今年在家过会，可把会弄糟了。”“可不是呢？抬阁也没有了。”“三先生还没有到家，八都的鸦片烟馆都关门了，赌场也都不敢开了。七月会场上没有赌场，又没有烟灯，这是多年没有的事。”

看会的人，你一句，他一句，顺弟都听在心里。她心想，三先生必是一个了不得的人，能叫赌场烟馆不敢开门。

会过完了，大家纷纷散了。忽然她听见有人低声说，“三先生来了！”她抬起头来，只见路上的人都纷纷让开一条路；只听见许多人都叫“三先生”。

前面走来了两个人。一个高大的中年人，面容紫黑，有点短须，两眼有威光，令人不敢正眼看他；他穿着苎布大袖短衫，苎布大脚管的裤子，脚下穿着苎布鞋子，手里拿着一杆旱烟管。和他同行的是一个老年人，瘦瘦身材，花白胡子，也穿着短衣，拿着旱烟管。

顺弟的姑妈低低说，“那个黑面的，是三先生；那边是月吉先生，他的学堂就在我们家的前面。听人说三先生在北边做官，走过了万里长城，还走了几十日，都是没有人烟的地方，冬天冻杀人，夏天热杀人；冬天冻塌鼻子，夏天蚊虫有苍蝇那么大。三先生肯吃苦，不怕日头不怕风，在万里长城外住了几年，把脸晒得像包龙图一样。”

这时候，三先生和月吉先生已走到她们面前，他们站住说了一句话，三先生独自下坡去了；月吉先生却走过来招呼顺弟的姑妈，和她们同行回去。

月吉先生见了顺弟，便问道，“灿嫂，这是你家金灶舅的小孩子吗？”

“是的。顺弟，诚厚，叫声月吉先生。”

月吉先生一眼看见了顺弟脑后的发辫，不觉喊道，“灿嫂，你看这姑娘的头发一直拖到地！这是贵相！是贵相！许了人家没有？”

这一问把顺弟羞的满脸绯红，她牵着她弟弟的手往前飞跑，也不顾她姑妈了。

她姑妈一面喊，“不要跌了！”回头对月吉先生说，“还不曾许人家。这孩子很稳重，很懂事。我家金灶哥总想许个好好人家，所以今年十四岁了，还不曾许人家。”

月吉先生说，“你开一个八字给我，我给她排排看。你不要忘了。”

他到了自家门口，还回过头来说：“不要忘记，叫灿哥抄个八字给我。”

02

顺弟在上庄过了会场，她姑丈送她姊弟回中屯去。七月里天气热，日子又长，他们到日头快落山时才起身，走了十里路，到家时天还没全黑。

顺弟的母亲刚牵了牛进栏，见了他们，忙着款待姑丈过夜。

“爸爸还没有回来吗？”顺弟问。

“姊姊，我们去接他。”姊姊和弟弟不等母亲回话，都出去了。

他们到了村口，远远望见他们的父亲挑着一担石头进村来。他们赶上去喊着爸爸，姊姊弟弟每人从担子里拿了一块石头，捧着跟他走。

他挑到他家的旧屋基上，把石头倒下去，自己跳下去，把石子铺平，才上来挑起空担回家去。

顺弟问，“这是第三担了吗？”

她父亲点点头，只问他们看的会好不好，戏好不好，一同回家去。

顺弟的父亲姓冯，小名金灶。他家历代务农，辛辛苦苦挣起了一点点小产业，居然有几亩自家的田，一所自家的屋。金灶十三四岁的时候，长毛贼到了徽州，中屯是绩溪北乡的大路，整个村子被长毛烧成平地。金灶的一家老幼都被杀了，只剩他一人，被长毛掳去。长毛军中的小头目看这个小孩子有气力，能吃苦，就把他脸上刺了“太平天国”四个蓝字，叫他不能逃走。军中有个裁缝，见这个孩子可怜，收他做徒弟，叫他跟着学裁缝。金灶学了一手好裁缝，在长毛营里混了几年，从绩溪跟到宁国、广德，居然被他逃走出来。但因为面上刺了字，捉住他的人可以请赏，所以他不敢白日露面。他每日躲在破屋场里，挨到夜间，才敢赶路。他吃了种种困苦，好容易回到家乡，只寻得一片焦土，几座焦墙，一村的丁壮留剩的不过二三十人。

金灶是个肯努力的少年，他回家之后，寻出自家的荒田，努力耕种。有余力就帮人家种田，做裁缝。不上十年，他居然修葺了村里一间未烧完的砖屋，娶了一个妻子。夫妻都能苦做苦吃，渐渐有了点积蓄，渐渐挣起了一个小小的家庭。

他们头胎生下一个女儿。在那大乱之后，女儿是不受欢迎的，所以她的名字叫做顺弟，取个下胎生个弟弟的吉兆。隔了好几年，果然生了一个儿子，他们都很欢喜。

金灶为人最忠厚；他的裁缝手艺在附近村中常有雇主，人都说他诚实勤谨。外村的人都尊敬他，叫他金灶官。

但金灶有一桩最大的心愿，他总想重建他祖上传下来、被长毛烧了的老屋。他一家人都被杀完了，剩下他这一个人，他觉得天留他一个人是为中兴他的祖业的。他立下了一个誓愿：要在老屋基上建造起一所更大又更讲究的新屋。

他费了不少功夫，把老屋基扒开，把烧残砖瓦拆扫干净，准备重新垫起一片高地基，好在上面起造一所高爽干燥的新屋。他每日天未明就起来了；天刚亮，就到村口溪头去拣选石子，挑一大担回来，铺垫地基。来回挑了三担之后，他才下田去做工；到了晚上歇工时，他又去挑三担石子，才吃晚饭。农忙过后，他出村帮人家做裁缝，每天也要先挑三担石子，才去上工；晚间吃了饭回来，又要挑三担石子，才肯休息。

这是他的日常功课，家中的妻子女儿都知道他的心愿，女流们不能帮他挑石头，又不能劝他休息，劝他也没有用处。有时候，他实在疲乏了，挑完石子回家，倒在竹椅上吸旱烟，眼望着十几岁的女儿和几岁的儿子，微微叹一口气。

顺弟已是懂事的了，她看见她父亲这样辛苦做工，她心里好不难过。她常常自恨不是个男子，不能代她父亲下溪头去挑石头。她只能每日早晚到村口去接她父亲，从他的担子里捧出一两块石头来，拿到屋基上，也算是分担了他的一点辛苦。

看看屋基渐渐垫高了，但砖瓦木料却全没有着落。高敞的新屋还只存在她一家人的梦里。顺弟有时做梦，梦见她是个男子，做了官回家看父母，新屋早已造好了，她就在黑漆的大门外下轿。下轿来又好像做官的不是她，是她兄弟。

03

这一年，顺弟十七岁了。

一天的下午，金灶在三里外的张家店做裁缝，忽然走进了一个中年妇人，叫声“金灶舅”。他认得她是上庄的星五嫂，她娘家离中屯不远，所以他从小认得她。她是三先生的伯母，她的丈夫星五先生也是八都的有名绅士，所以人都叫她“星五先生娘”。

金灶招呼她坐下。她开口道：“巧极了，我本打算到中屯看你去，走到了张家店，才知道你在这里做活。巧极了。金灶舅，我来寻你，是想开你家顺弟的八字。”

金灶问是谁家。

星五先生娘说：“就是我家大侄儿三哥。”

“三先生？”

“是的，三哥今年四十七，前头讨的七都的玉环，死了十多年了。玉环生下了儿女一大堆——三个儿子，三个女儿——现在都长大了。不过他在外头做官，没有个家眷，实在不方便。所以他写信来家，要我们给他定一头亲事。”

金灶说，“我们种田人家的女儿哪配做官太太？这件事不用提。”

星五先生娘说：“我家三哥有点怪脾气。他今年写信回来说，一定要讨一个做庄稼人家的女儿。”

“什么道理呢？”

“他说，做庄稼人家的人身体好，不会像玉环那样痨病鬼。他又说，庄稼人家晓得艰苦。”

金灶说：“这件事不会成功的。一来呢，我们配不上做官人家。二来，我家女人一定不肯把女儿给人做填房。三来，三先生家的儿女都大了，他家大儿子大女儿都比顺弟大好几岁，这样人家的晚娘是不容易做的。这个八字不用开了。”

星五先生娘说：“你不要客气。顺弟很稳重，是个有福气的人。金灶舅，你莫怪我直言，顺弟今年十七岁了，眼睛一睐，二十岁到头上，你哪里去寻一个青头郎？填房有什么不好？三哥的信上说了，新人过了门，他就要带上任去。家里的儿女，大女儿出嫁了；大儿子今年做亲，留在家里；二女儿是从小给了人家了；三女儿也留在家里。将来在任上只有两个双胞胎的十五岁小孩子，他们又都在学堂里。这个家也没有什么难照应。”

金灶是个老实人，他也明白她的话有驳不倒的道理。家乡风俗，女儿十三四岁总得定亲了，十七八岁的姑娘总是做填房的居多。他们夫妇因为疼爱顺弟，总想许个念书人家，所以把她耽误了。这是他们做父母的说不出的心事。所以他今天很有点踌躇。

星五先生娘见他踌躇，又说道：“金灶舅，你不用多心。你回去问问金灶舅母，开个八字。我今天回娘家去，明朝我来取。八字对不对，辰肖合不合，谁也不知道。开个八字总不妨事。”金灶一想，开个八字诚然不妨事，他就答应了。

这一天，他从张家店回家，顺弟带了弟弟放牛去了，还没有回来。他放下针钱包和熨斗，便在门里板凳上坐下来吸旱烟。他的妻子见他有心事的样子，忙过来问他。他把星五嫂的话对她说了。

她听了大生气，忙问，“你不曾答应她开八字？”

他说，“我说要回家商量商量。不过开个八字给他家，也不妨事。”

她说，“不行。我不肯把女儿许给快五十岁的老头子。他家儿女一大堆，这个晚娘不好做。做官的人家看不起我们庄户人家的女儿，将来让人家把女儿欺负煞，谁家来替我们伸冤？我不开八字。”

他慢吞吞地说，“顺弟今年十七岁了，许人家也不容易。三先生是个好人——”

她更生气了，“是的，都是我的不是。我不该心高，耽误了女儿的终身。女儿没有人家要了，你就想送给人家做填房，做晚娘。做填房也可以，三先生家可不行。他家是做官人家，将来人家一定说我们贪图人家有势力，把女儿卖了，想换个做官的女婿。我背不起这个恶名。别人家都行，三先生家我不肯。女儿没人家要，我养她一世。”

他们夫妻吵了一场，后来金灶说，“不要吵了。这是顺弟自家的事，吃了夜饭，我们问问她自己。好不好？”她也答应了。

晚饭后，顺弟看着兄弟睡下，回到菜油灯下做鞋。金灶开口说，“顺弟，你母亲有句话要问你。”

顺弟抬起头来，问妈有什么话。她妈说，“你爸爸有话问你，不要朝我身上推。”

顺弟看她妈有点气，不知道是怎么一回事，只好问她爸。她爸对她说，“上庄三先生要讨个填房，他家今天叫人来开你的八字。你妈嫌他年纪太大，四十七岁了，比你大三十岁，家中又有一大堆儿女。晚娘不容易做，我们怕将来害了你一世，所以要问问你自己。”

他把今天星五嫂的话说了一遍。

顺弟早已低下头去做针线，半晌不肯开口。她妈也不开口。她爸也不说话了。

顺弟虽不开口，心里却在那儿思想。她好像闭了眼睛，看见她的父亲在天刚亮的时候挑着一大担石头进村来，看见那大块屋基上堆着他一担一担地挑来的石头，看见她父亲晚上坐在黑影地里沉思叹气。一会儿，她又仿佛看见她做了官回来，在新屋的大门口下轿。一会儿，她的眼前又仿佛现出了那紫黑面孔，两眼射出威光的三先生……

她心里这样想：这是她帮她父母的机会到了。做填房可以多接聘金。前妻儿女多，又是做官人家，聘金财礼总应该更好看点。她将来总还可以帮她父母的忙。她父亲一生梦想的新屋总可以成功……三先生是个好人，人人都敬重他，只有开赌场烟场馆的人怕他恨他……

她母亲说话的声音打断了她的思想。她妈说，“对了我们，有什么话不好说？你说吧！”

顺弟抬起眼睛来，见她爸妈都望着她自己。她低下头去，红着脸说道：“只要你们俩都说他是个好人，请你们俩作主。”她接着又加上一句话，“男人家四十七岁也不能算是年纪大。”

她爸叹了一口气。她妈可气得跳起来了，忿忿地说，“好呵！你想做官太太了！好罢！听你情愿吧！”

顺弟听了这句话，又羞又气，手里的鞋面落在地上，眼泪直滚下来。她拾起鞋面，一声不响，走到她房里去哭了。

经过了这一番家庭会议之后，顺弟的妈明白她女儿是愿意的了，她可不明白她情愿卖身来帮助爹妈的苦心，所以她不指望这门亲事成功。

她怕开了八字去，万一辰肖相合，就难回绝了；万一八字不合，旁人也许要笑她家高攀不上做官人家。她打定主意，要开一张假八字给媒人拿去。第二天早晨，她到祠堂蒙馆去，请先生开一个庚帖，故意错报了一天生日，又错报了一个时辰。先生翻开《万年历》，把甲子查明写好，她拿回去交给金灶。

那天下午，星五先生娘到张家拿到了庚帖，高兴得很。回到了上庄，她就去寻着月吉先生，请他把三先生和她的八字排排看。

月吉先生看了八字，问是谁家女儿。

“中屯金灶官家的顺弟。”

月吉先生说，“这个八字开错了。小村乡的蒙馆先生连官本（俗称历书为官本）也不会查，把八个字抄错了四个字。”

星五先生娘说，“你怎么知道八字开错了？”

月吉先生说，“我算过她的八字，所以记得。大前年村里七月会，我看见这女孩子，她不是灿嫂的侄女吗？圆圆面孔，有一点雀斑，头发很长，是吗？面貌并不美，倒稳重得很，不像个庄稼人家的孩子。我那时问灿嫂讨了她的八字来算算看。我算过的八字，三五年不会忘记的。”

他抽开书桌的抽屉，寻出一张字条来，说，“可不是呢？在这里了。”他提起笔来，把庚帖上的八字改正，又把三先生的八字写出。他排了一会，对星五先生娘说，“八字是对的，不用再去对了。星五嫂，你的眼力不差，这个人配得上三哥。相貌是小事，八字也是小事，金灶官家的规矩好。你明天就去开礼单。三哥那边，我自己写信去。”

过了两天，星五先生娘到了中屯，问金灶官开“礼单”。她埋怨道，“你们村上的先生不中用，把八字开错了，几乎误了事。”

金灶嫂心里明白，问谁说八字开错了的。星五先生娘一五一十地把月吉先生的话说了。金灶夫妻很诧异，他们都说，这是前世注定的姻缘。金灶嫂现在也不反对了。他们答应开礼单，叫她隔几天来取。

冯顺弟就是我的母亲，三先生就是我的父亲铁花先生。在我父亲的日记上，有这样几段记载：

【光绪十五年（1889年）二月】十六日，行五十里，抵家……

二十一日，遣媒人订约于冯姓，择定三月十二日迎娶……

三月十一日，遣舆诣七都中屯迎娶冯氏。

十二日，冯氏至。行合卺礼。谒庙。

十三日，十四日，宴客……

四月初六日，往中屯，叩见岳丈岳母。

初七日，由中屯归……

五月初九日，起程赴沪，天雨，行五十五里，宿旌之新桥。

十九，六，二十六

（原载于1931年3月10日《新月》第3卷第1号）

九年的家乡教育

01

我生在光绪十七年十一月十七日（1891年12月17日），那时候我家寄住在上海大东门外。我生后两个月，我父亲被台湾巡抚邵友濂调往台湾；江苏巡抚奏请免调，没有效果。我父亲于十八年二月底到台湾，我母亲和我搬到川沙住了一年。十九年（1893年）二月二十六日我们一家（我母、四叔介如、二哥嗣秬、三哥嗣秠）也从上海到台湾。我们在台南住了十个月。十九年五月，我父亲做台东直隶州知州，兼统镇海后军各营。台东是新设的州，一切草创，故我父不能带家眷去。到十九年底，我们才到台东。我们在台东住了整一年。

甲午（1894年）中日战事开始，台湾也在备战的区域，恰好介如四叔来台湾，我父亲便托他把家眷送回徽州故乡，只留二哥嗣秬跟着他在台东。我们于乙未年（1895年）正月离开台湾，二月初十日从上海起程回绩溪故乡。

那年四月，中日和议成，把台湾割让给日本。台湾绅民反对割台，要求巡抚唐景崧坚守。唐景崧请西洋各国出来干涉，各国不允。台人公请唐为台湾民主国大总统，帮办军务刘永福为主军大总统。我父亲在台东办后山的防务，电报已不通，饷源已断绝。那时他已得脚气病，左脚已不能行动。他守到闰五月初三日，始离开后山。到安平时，刘永福苦苦留他帮忙，不肯放行。到六月二十五日，他双脚都不能动了，刘永福始放他行。六月二十八日到厦门，手足俱不能动了。七月初三日他死在厦门，成为东亚第一个民主国的第一个牺牲者！

这时候我只有三岁零八个月。我仿佛记得我父亲死信到家时，我母亲正在家中老屋的前堂，她坐在房门口的椅子上。她听见读信人读到我父亲的死信，身子往后一倒，连椅子倒在房门槛上。东边房门口坐的珍伯母也放声大哭起来，一时满屋都是哭声，我只觉得天地都翻覆了！我只仿佛记得这一点凄惨的情状，其余都不记得了。

02

我父亲死时，我母亲只有二十三岁。我父初娶冯氏，结婚不久便遭太平天国之乱，同治二年（1863年）死在兵乱里。次娶曹氏，生了三个儿子，三个女儿，死于光绪四年（1878年）。我父亲因家贫，又有志远游，故久不续娶。到光绪十五年（1889年），他在江苏候补，生活稍稍安定，才续娶我的母亲。我母亲结婚后三天，我的大哥嗣稼也娶亲了。那时我的大姊已出嫁生了儿子。大姊比我母亲大七岁。大哥比她大两岁。二姊是从小抱给人家的。三姊比我母亲小三岁，二哥三哥（孪生的）比她小四岁。这样一个家庭里忽然来了一个十七岁的后母，她的地位自然十分困难，她的生活自然免不了苦痛。

结婚后不久，我父亲把她接到了上海同住。她脱离了大家庭的痛苦，我父又很爱她，每日在百忙中教她认字读书，这几年的生活是很快乐的。我小时也很得我父亲钟爱，不满三岁时，他就把教我母亲的红纸方字教我认。父亲作教师，母亲便在旁作助教。我认的是生字，她便借此温她的熟字。他太忙时，她就是代理教师。我们离开台湾时，她认得了近千字，我也认得了七百多字。这些方字都是我父亲亲手写的楷字，我母亲终身保存着，因为这些方块红笺上都是我们三个人的最神圣的团居生活的纪念。

我母亲二十三岁就做了寡妇，从此以后，又过了二十三年。这二十三年的生活真是十分苦痛的生活，只因为还有我这一点骨血，她含辛茹苦，把全副希望寄托在我的渺茫不可知的将来，这一点希望居然使她挣扎着活了二十三年。

我父亲在临死之前两个多月，写了几张遗嘱，我母亲和四个儿子每人各有一张，每张只有几句话。给我母亲的遗嘱上说穈儿（我的名字叫嗣穈，穈字音门）天资颇聪明，应该令他读书。给我的遗嘱也教我努力读书上进。这寥寥几句话在我的一生很有重大的影响。我十一岁的时候，二哥和三哥都在家，有一天我母亲问他们道："穈今年十一岁了。你老子叫他念书。你们看看他念书念得出吗？"二哥不曾开口，三哥冷笑道："哼，念书！"二哥始终没有说什么。我母亲忍气坐了一会，回到了房里才敢掉眼泪。她不敢得罪他们，因为一家的财政权全在二哥的手里，我若出门求学是要靠他供给学费的。所以她只能掉眼泪，终不敢哭。

但父亲的遗嘱究竟是父亲的遗嘱，我是应该念书的。况且我小时很聪明，四乡的人都知道三先生的小儿子是能够念书的。所以隔了两年，三哥往上海医肺病，我就跟他出门求学了。

03

我在台湾时，大病了半年，故身体很弱。回家乡时，我号称五岁了，还不能跨一个七八寸高的门槛。但我母亲望我念书的心很切，故到家的时候，我才满三岁零几个月，就在我四叔父介如先生（名玠）的学堂里读书了。我的身体太小，他们抱我坐在一只高凳子上面。我坐上了就爬不下来，还要别人抱下来。但我在学堂并不算最低级的学生，因为我进学堂之前已认得近一千字了。

因为我的程度不算“破蒙”的学生，故我不须念《三字经》《千字文》《百家姓》《神童诗》一类的书。我念的第一部书是我父亲自己编的一部四言韵文，叫做《学为人诗》，他亲笔抄写了给我的。这部书说的是做人的道理。我把开头几行抄在这里：

为人之道，在率其性。子臣弟友，循理之正。

谨乎庸言，勉乎庸行，以学为人，以期作圣。

以下分说五伦。最后三节，因为可以代表我父亲的思想，我也抄在这里：

五常之中，不幸有变，名分攸关，不容稍紊。
义之所在，身可以殉。求仁得仁，无所尤怨。

古之学者，察于人伦，因亲及亲，九族克敦；
因爱推爱，万物同仁。能尽其性，斯为圣人。

经籍所载，师儒所述，为人之道，非有他术。
穷理致知，返躬践实，黾勉于学，守道勿失。

我念的第二部书也是我父亲编的一部四言韵文，名叫《原学》，是一部略述哲理的书。这两部书虽是韵文，先生仍讲不了，我也懂不了。

我念的第三部书叫做《律诗六抄》，我不记是谁选的了。三十多年来，我不曾重见这部书，故没有机会考出此书的编者；依我的猜测，似是姚鼐的选本，但我不敢坚持此说。这一册诗全是律诗，我读了虽不懂得，却背得很熟。至今回忆，却完全不记得了。

我虽不曾读《三字经》等书，却因为听惯了别的小孩子高声诵读，我也能背这些书的一部分，尤其是那五七言的《神童诗》，我差不多能从头背到底。这本书后面的七言句子，如：

人心曲曲湾湾水，世事重重叠叠山。

我当时虽不懂得其中的意义，却常常嘴上爱念着玩，大概也是因为喜欢那些重字双声的缘故。

我念的第四部书以下，除了《诗经》，就都是散文的了。我依诵读的次序，把这些书名写在下面：

1.《孝经》。

2.朱子的《小学》，江永集注本。

3.《论语》，以下四书皆用朱子注本。

4.《孟子》。

5.《大学》与《中庸》（《四书》皆连注文读）。

6.《诗经》，朱子《集传》本（注文读一部分）。

7.《书经》，蔡沈注本（以下三书不读注文）。

8.《易经》，朱子《本义》本。

9.《礼记》，陈澔注本。

读到了《论语》的下半部，我的四叔父介如先生选了颍州府阜阳县的训导，要上任去了，就把家塾移交给族兄禹臣先生（名观象）。四叔是个绅董，常常被本族或外村请出去议事或和案子；他又喜欢打纸牌（徽州纸牌，每副一百五十五张），常常被明达叔公、映基叔、祝封叔、茂张叔等人邀出去打牌。所以我们的功课很松，四叔往往在出门之前，给我们“上一进书”，叫我们自己念；他到天将黑时，回来一趟，把我们的习字纸加了圈，放了学，才又出门去。

四叔的学堂里只有两个学生，一个是我，一个是四叔的儿子嗣秫，比我大几岁。嗣秫承继给瑜婶（星五伯公的二子，珍伯、瑜叔，皆无子，我家三哥承继珍伯，秫哥承继瑜婶），她很溺爱他，不肯管束他，故四叔一走开，秫哥就溜到灶下或后堂去玩了（他们和四叔住一屋，学堂在这屋的东边小屋内）。我的母亲管得严厉，我又不大觉得念书是苦事，故我一个人坐在学堂里温书念书，到天黑才回家。

禹臣先生接收家塾后，学生就增多了。先是五个，后来添到十多个，四叔家的小屋不够用了，就移到一所大屋——名叫来新书屋——里去。最初添的三个学生，有两个是守瓒叔的儿子——嗣昭、嗣逵。嗣昭比我大两三岁。天资不算笨，却不爱读书，最爱“逃学”，我们土话叫做“赖学”。他逃出去，往往躲在麦田或稻田里，宁可睡在田里挨饿，却不愿念书。先生往往差嗣秫去捉；有时候，嗣昭被捉回来了，总得挨一顿毒打；有时候，连嗣秫也不回来了——乐得不回来了，因为这是“奉命差遣”，不算是逃学！

我常觉得奇怪，为什么嗣昭要逃学？为什么一个人情愿挨饿，挨打，挨大家笑骂，而不情愿念书？后来我稍懂得世事，才明白了。瓒叔自小在江西做生意，后来在九江开布店，才娶妻生子；一家人都说江西话，回家乡时，嗣昭弟兄都不容易改口音；说话改了，而嗣昭念书常带江西音，常常因此吃戒方或吃“作瘤栗”（钩起五指，打在头上，常打起瘤子，故叫做“作瘤栗”）。这是先生不原谅，难怪他不愿念书。

还有一个原因。我们家乡的蒙馆学金太轻，每个学生每年只送两块银元。先生对于这一类学生，自然不肯耐心教书，每天只教他们念死书，背死书，从来不肯为他们“讲书”。小学生初念有韵的书，也还不十分叫苦。后来念《幼学琼林》《四书》一类的散文，他们自然毫不觉得有趣味，因为全不懂得书中说的是什么。因为这个缘故，许多学生常常赖学；先有嗣昭，后来有个士祥，都是有名的“赖学胚”。他们都属于这每年两元钱的阶级。因为逃学，先生生了气，打得更利害。越打得利害，他们越要逃学。

我一个人不属于这“两元”的阶级。我母亲渴望我读书，故学金特别优厚，第一年就送六块钱，以后每年增加，最后一年加到十二元。这样的学金，在家乡要算“打破纪录”的了。我母亲大概是受了我父亲的叮嘱，她嘱托四叔和禹臣先生为我“讲书”：每读一字，须讲一字的意思；每读一句，须讲一句的意思。我先已认得了近千个“方字”，每个字都经过父母的讲解，故进学堂之后，不觉得很苦。念的几本书虽然有许多是乡里先生讲不明白的，但每天总遇着几句可懂的话。我最喜欢朱子《小学》里的记述古人行事的部分，因为那些部分最容易懂得，所以比较最有趣味。同学之中有念《幼学琼林》的，我常常帮他们的忙，教他们不认得的生字，因此常常借这些书看；他们念大字，我却最爱看《幼学琼林》的小注，因为注文中有许多神话和故事，比《四书》《五经》有趣味多了。

有一天，一件小事使我忽然明白我母亲增加学金的大恩惠。一个同学的母亲来请禹臣先生代写家信给她的丈夫；信写成了，先生交她的儿子晚上带回家去。一会儿，先生出门去了，这位同学把家信抽出来偷看。他忽然过来问我道：“穈，这信上第一句‘父亲大人膝下’是什么意思？”他比我只小一岁，也念过《四书》，却不懂“父亲大人膝下”

是什么！这时候，我才明白我是一个受特别待遇的人，因为别人每年出两块钱，我去年却送十块钱。我一生最得力的是讲书：父亲母亲为我讲方字，两位先生为我讲书。念古文而不讲解，等于念“揭谛揭谛，波罗揭谛”，全无用处。

04

当我九岁时，有一天我在四叔家东边小屋里玩耍。这小屋前面是我们的学堂，后边有一间卧房，有客来便住在这里。这一天没有课，我偶然走进那卧房里去，偶然看见桌子下一只美孚煤油板箱里的废纸堆中露出一本破书。我偶然捡起了这本书，两头都被老鼠咬坏了，书面也扯破了。但这一本破书忽然为我开辟了一个新天地，忽然在我的儿童生活史上打开了一个新鲜的世界！

这本破书原来是一本小字木板的《第五才子》，我记得很清楚，开始便是“李逵打死殷天锡”一回。我在戏台上早已认得李逵是谁了，便站在那只美孚破板箱边，把这本《水浒传》残本一口气看完了。不看尚可，看了之后，我的心里很不好过：这一本的前面是些什么？后面是些什么？这两个问题，我都不能回答，却最急要一个回答。

我拿了这本书去寻我的五叔，因为他最会“说笑话”（“说笑话”就是“讲故事”，小说书叫做“笑话书”），应该有这种笑话书。不料五叔竟没有这书，他叫我去寻宋焕哥。宋焕哥说，“我没有《第五才子》，我替你去借一部；我家中有部《第一才子》，你先拿去看，好吧？”《第一才子》便是《三国演义》，他很郑重地捧出来，我很高兴地捧回去。

后来我居然得着《水浒传》全部。《三国演义》也看完了。从此以后，我到处去借小说看。五叔、宋焕哥，都帮了我不少的忙。三姊夫（周绍瑾）在上海乡间周浦开店，他吸鸦片烟，最爱看小说书，带了不少回家乡；他每到我家来，总带些《正德皇帝下江南》《七剑十三侠》一类的书来送给我。这是我自己收藏小说的起点。我的大哥（嗣稼）最不长进，也是吃鸦片烟的，但鸦片烟灯是和小说书常作伴的——五叔、宋焕哥、三姊夫都是吸鸦片烟的——所以他也有一些小说书。大嫂认得一些字，嫁妆里带来了好几种弹词小说，如《双珠凤》之类。这些书不久都成了我的藏书的一部分。

三哥在家乡时多，他同二哥都进过梅溪书院，都做过南洋公学的师范生，旧学都有根底，故三哥看小说很有选择。我在他书架上只寻得三部小说：一部《红楼梦》，一部《儒林外史》，一部《聊斋志异》。二哥有一次回家，带了一部新译出的《经国美谈》，讲的是古希腊的爱国志士的故事，是日本人做的。这是我读外国小说的第一步。

帮助我借小说最出力的是族叔近仁，就是民国十二年和顾颉刚先生讨论古史的胡堇人。他比我大几岁，已“开笔”做文章了，十几岁就考取了秀才。我同他不同学堂，但常常相见，成了最要好的朋友。他天才很高，也肯用功，读书比我多，家中也颇有藏书。他看过的小说，常借给我看。我借到的小说，也常借给他看。我们两人各有一个小手折，把看过的小说都记在上面，时时交换比较，看谁看的书多。这两个折子后来都不见了，但我记得离开家乡时，我的折子上好像已有了三十多部小说了。

这里所谓“小说”，包括弹词、传奇，以及笔记小说在内。《双珠凤》在内，《琵琶记》也在内；《聊斋》《夜雨秋灯录》《夜谭随笔》《兰苕馆外史》《寄园寄所寄》《虞初新志》等也在内。从《薛仁贵征东》《薛丁山征西》《五虎平西》《粉妆楼》一类最无意义的小说，到《红楼梦》和《儒林外史》一类的第一流作品，这里面的程度已是天悬地隔了。我到离开家乡时，还不能了解《红楼梦》和《儒林外史》的好处。但这一大类都是白话小说，我在不知不觉之中得了不少的白话散文的训练，在十几年后于我很有用处。

看小说还有一桩绝大的好处，就是帮助我把文字弄通顺了。那时候正是废八股时文的时代，科举制度本身也动摇了。二哥三哥在上海受了时代思潮的影响，所以不要我“开笔”做八股文，也不要我学做策论经义。他们只要先生给我讲书，教我读书。但学堂里念的书，越到后来，越不好懂了。《诗经》起初还好懂，读到《大雅》，就难懂了；读到《周颂》，更不可懂了。《书经》有几篇，如《五子之歌》，我读得很起劲；但《盘庚》三篇，我总读不熟。我在学堂九年，只有《盘庚》害我挨了一次打。后来隔了十多年，我才知道《尚书》有今文和古文两大类，向来学者都说古文诸篇是假的，今文是真的；《盘庚》属于今文一类，应该是真的。但我研究《盘庚》用的代名词最杂乱不成条理，故我总疑心这三篇书是后人假造的。有时候，我自己想，我的怀疑《盘庚》，也许暗中含有报那一个“作瘤栗”的仇恨的意味罢？

《周颂》《尚书》《周易》等书都是不能帮助我作通顺文字的。但小说书却给了我绝大的帮助。从《三国演义》读到《聊斋志异》和《虞初新志》，这一跳虽然跳的太远，但因为书中的故事实在有趣味，所以我能细细读下去。石印本的《聊斋志异》有圈点，所以更容易读。到我十二三岁时，已能对本家姊妹们讲说《聊斋》故事了。那时候，四叔的女儿巧菊，禹臣先生的妹子广菊、多菊，祝封叔的女儿杏仙，和本家侄女翠苹、定娇等，都在十五六岁之间；她们常常邀我去，请我讲故事。我们平常请五叔讲故事时，忙着替他点火，装旱烟，替他捶背。现在轮到我受人巴结了。我不用人装烟捶背，她们听我说完故事，总去泡炒米，或做蛋炒饭来请我吃。她们绣花做鞋，我讲《凤仙》《莲香》《张鸿渐》《江城》。这样的讲书，逼我把古文的故事翻译成绩溪土话，使我更了解古文的文理。所以我到十四岁来上海开始作古文时，就能做很像样的文字了。

05

我小时身体弱，不能跟着野蛮的孩子们一块儿玩。我母亲也不准我和他们乱跑乱跳。小时不曾养成活泼游戏的习惯，无论在什么地方，我总是文绉绉的。所以家乡老辈都说我"像个先生样子"，遂叫我做"穈先生"。这个绰号叫出去之后，人都知道三先生的小儿子叫做穈先生了。既有"先生"之名，我不能不装出点"先生"样子，更不能跟着顽童们"野"了。有一天，我在我家八字门口和一班孩子"掷铜钱"，一位老辈走过，见了我，笑道："穈先生也掷铜钱吗？"我听了羞愧得面红耳热，觉得大失了"先生"的身份！

大人们鼓励我装先生样子，我也没有嬉戏的能力和习惯，又因为我确是喜欢看书，所以我一生可算是不曾享过儿童游戏的生活。每年秋天，我的庶祖母同我到田里去“监割”（顶好的田，水旱无忧，收成最好，佃户每约田主来监割，打下谷子，两家平分），我总是坐在小树下看小说。十一二岁时，我稍活泼一点，居然和一群同学组织了一个戏剧班，做了一些木刀竹枪，借得了几付假胡须，就在村田里做戏。我做的往往是诸葛亮、刘备一类的文角儿；只有一次我做史文恭，被花荣一箭从椅子上射倒下去，这算是我最活泼的玩艺儿了。

我在这九年（1895—1904）之中，只学得了读书写字两件事。在文字和思想（看下章）的方面，不能不算是打了一点底子。但别的方面都没有发展的机会。有一次我们村里“当朋”（八都凡五村，称为“五朋”，每年一村轮着做太子会，名为“当朋”），筹备太子会，有人提议要派我加入前村的昆腔队里学习吹笙或吹笛。族里长辈反对，说我年纪太小，不能跟着太子会走遍五朋。于是我失掉了这学习音乐的唯一机会。三十年来，我不曾拿过乐器，也全不懂音乐；究竟我有没有一点学音乐的天资，我至今还不知道。至于学图画，更是不可能的事。我常常用竹纸蒙存小说书的石印绘像上，摹面书上的英雄美人。有一天，被先生看见了，挨了一顿大骂，抽屉里的图画都被搜出撕毁了。于是我又失掉了学做画家的机会。

但这九年的生活，除了读书看书之外，究竟给了我一点做人的训练。在这一点上，我的恩师就是我的慈母。

每天天刚亮时，我母亲就把我喊醒，叫我披衣坐起。我从不知道她醒来坐了多久了。她看我清醒了，才对我说昨天我做错了什么事，说错了什么话，要我认错，要我用功读书。有时候她对我说父亲的种种好处，她说：“你总要踏上你老子的脚步。我一生只晓得这一个完全的人，你要学他，不要跌他的股。”（跌股便是丢脸，出丑。）她说到伤心处，往往掉下泪来。到天大明时，她才把我的衣服穿好，催我去上早学。学堂门上的锁匙放在先生家里；我先到学堂门口一望，便跑到先生家里去敲门。先生家里有人把锁匙从门缝里递出来，我拿了跑回去，开了门，坐下念生书。十天之中，总有八九天我是第一个去开学堂门的。等到先生来了，我背了生书，才回家吃早饭。

我母亲管束我最严，她是慈母兼任严父。但她从来不在别人面前骂我一句，打我一下。我做错了事，她只对我一望，我看见了她的严厉眼光，就吓住了。犯的事小，她等到第二天早晨我睡醒时才教训我。犯的事大，她等到晚上人静时，关了房门，先责备我，然后行罚，或罚跪，或拧我的肉。无论怎样重罚，总不许我哭出声音来。她教训儿子不是借此出气叫别人听的。

有一个初秋的傍晚，我吃了晚饭，在门口玩，身上只穿着一件单背心。这时候我母亲的妹子玉英姨母在我家住，她怕我冷了，拿了一件小衫出来叫我穿上。我不肯穿，她说：“穿上吧，凉了。”我随口回答：“娘（凉）什么！老子都不老子呀。”我刚说了这句话，一抬头，看见母亲从家里走出，我赶快把小衫穿上。但她已听见这句轻薄的话了。晚上人静后，她罚我跪下，重重的责罚了一顿。她说：“你没了老子，是多么得意的事！好用来说嘴！”她气的坐着发抖，也不许我上床去睡。我跪着哭，用手擦眼泪，不知擦进了什么微菌，后来足足害了一年多的眼翳病。医来医去，总医不好。我母亲心里又悔又急，听说眼翳可以用舌头舔去，有一夜她把我叫醒，她真用舌头舔我的病眼。这是我的严师，我的慈母。

我母亲二十三岁做了寡妇，又是当家的后母。这种生活的痛苦，我的笨笔写不出一万分之一二。家中财政本不宽裕，全靠二哥在上海经营调度。大哥从小就是败子，吸鸦片烟，赌博，钱到手就光，光了就回家打主意，见了香炉就拿出去卖，捞着锡茶壶就拿出去押。我母亲几次邀了本家长辈来，给他定下每月用费的数目。但他总不够用，到处都欠下烟债赌债。每年除夕我家中总有一大群讨债的，每人一盏灯笼，坐在大厅上不肯去。大哥早已避出去了。大厅的两排椅子上满满的都是灯笼和债主。我母亲走进走出，料理年夜饭，谢灶神，压岁钱等事，只当做不曾看见这一群人。到了近半夜，快要“封门”了，我母亲才走后门出去，央一位邻舍本家到我家来，每一家债户开发一点钱。做好做歹的，这一群讨债的才一个一个提着灯笼走出去。一会儿，大哥敲门回来了。我母亲从不骂他一句。并且因为是新年，她脸上从不露出一点怒色。这样的过年，我过了六七次。

大嫂是个最无能而又最不懂事的人，二嫂是个很能干而气量很窄小的人。她们常常闹意见，只因为我母亲的和气榜样，她们还不曾有公然相骂相打的事。她们闹气时，只是不说话，不答话，把脸放下来，叫人难看；二嫂生气时，脸色变青，更是怕人。她们对我母亲闹气时，也是如此。我起初全不懂得这一套，后来也渐渐懂得看人的脸色了。我渐渐明白，世间最可厌恶的事莫如一张生气的脸；世间最下流的事莫如把生气的脸摆给旁人看。这比打骂还难受。

我母亲的气量大，性子好，又因为做了后母后婆，她更事事留心，事事格外容忍。大哥的女儿比我只小一岁，她的饮食衣料总是和我的一样。我和她有小争执，总是我吃亏，母亲总是责备我，要我事事让她。后来大嫂、二嫂都生了儿子了，她们生气时便打骂孩子来出气，一面打，一面用尖刻有刺的话骂给别人听。我母亲只装做不听见。有时候，她实在忍不住了，便悄悄走出门去，或到左邻立大嫂家去坐一会，或走后门到后邻度嫂家去闲谈。她从不和两个嫂子吵一句嘴。

每个嫂子一生气，往往十天半个月不歇，天天走进走出，板着脸，咬着嘴，打骂小孩子出气。我母亲只忍耐着，忍到实在不可再忍的一天，她也有她的法子。这一天的天明时，她就不起床，轻轻的哭一场。她不骂一个人，只哭她的丈夫，哭她自己苦命，留不住她丈夫来照管她。她先哭时，声音很低，渐渐哭出声来。我醒了起来劝她，她不肯住。这时候，我总听见前堂（二嫂住前堂东房）或后堂（大嫂住后堂西房）有一扇房门开了，一个嫂子走出房向厨房走去。不多一会，那位嫂子来敲我们的房门了。我开了房门，她走进来，捧着一碗热茶，送到我母亲床前，劝她止哭，请她喝口热茶。我母亲慢慢停住哭声，伸手接了茶碗。那位嫂子站着劝一会，才退出去。没有一句话提到什么人，也没有一个字提到这十天半个月来的气脸，然而各人心里明白，泡茶进来的嫂子总是那十天半个月来闹气的人。奇怪得很，这一哭之后，至少有一两个月的太平清静日子。

我母亲待人最仁慈，最温和，从来没有一句伤人感情的话。但她有时候也很有刚气，不受一点人格上的侮辱。我家五叔是个无正业的浪人，有一天在烟馆里发牢骚，说我母亲家中有事总请某人帮忙，大概总有什么好处给他。这句话传到了我母亲耳朵里，她气的大哭，请了几位本家来，把五叔喊来，她当面质问他她给了某人什么好处。直到五叔当众认错赔罪，她才罢休。

我在我母亲的教训之下住了九年，受了她的极大极深的影响。我十四岁（其实只有十二岁零两三个月）就离开她了，在这广漠的人海里独自混了二十多年，没有一个人管束过我。如果我学得了一丝一毫的好脾气，如果我学得了一点点待人接物的和气，如果我能宽恕人，体谅人，——我都得感谢我的慈母。

十九，十一，二十一夜

（原载于《新月》第3卷第3号）

从拜神到无神

01

纷纷歌舞赛蛇虫，酒醴牲牢告洁丰。

果有神灵来护佑，天寒何故不临工？

这是我父亲在郑州办河工时（光绪十四年，1888年）做的十首《郑工合龙纪事诗》的一首。他自己有注道：“霜雪既降，凡俗所谓‘大王’‘将军’代身临工者皆绝迹不复见矣。”“大王”“将军”都是祀典里的河神；河工区域内的水蛇虾蟆，往往被认为大王或将军的化身，往往享受最隆重的祀祭礼拜。河工是何等大事，而国家的治河官吏不能不向水蛇虾蟆磕头乞怜，真是一个民族的最大耻辱。我父亲这首诗不但公然指斥这种迷信，并且用了一个很浅近的证据，证明这种迷信的荒诞可笑。这一点最可表现我父亲的思想的倾向。

我父亲不曾受过近世自然科学的洗礼，但他很受了程颐、朱熹一系的理学的影响。理学家因袭了古代的自然主义的宇宙观，用“气”和“理”两个基本观念来解释宇宙，敢说“天即理也”，“鬼神者，二气（阴阳）之良能也”。这种思想，虽有不彻底的地方，很可以破除不少的迷信。况且程朱一系极力提倡“格物穷理”，教人“即物而穷其理”，这就是近世科学的态度。我父亲做的《原学》，开端便说：

天地氤氲，万物化生。

这是采纳了理学家的自然主义的宇宙观。他做的《学为人诗》的结论是：

为人之道，非有他术：
穷理致知，反躬践实，
黾勉于学，守道勿失。

这是接受了程朱一系格物穷理的治学态度。

这些话都是我四五岁时就念熟了的。先生怎样讲解，我记不得了；我当时大概完全不懂得这些话的意义。我父亲死的太早，我离开他时，还只是三岁小孩，所以我完全不曾受着他的思想的直接影响。他留给我的，大概有两方面：一方面是遗传，因为我是“我父亲的儿子”。一方面是他留下了一点程朱理学的遗风；我小时跟着四叔念朱子的《小学》，就是理学的遗风；四叔家和我家的大门上都贴着“僧道无缘”的条子，也就是理学家庭的一个招牌。

我记得我家新屋大门上的“僧道无缘”条子，从大红色褪到粉红，又渐渐变成了淡白色，后来竟完全剥落了。我家中的女眷都是深信神佛的。我父亲死后，四叔又上任做学官去了，家中的女眷就自由拜神佛了。女眷的宗教领袖是星五伯娘，她到了晚年，吃了长斋，拜佛念经，四叔和三哥（是她过继的孙子）都不能劝阻她，后来又添上了二哥的丈母，也是吃长斋念佛的，她常来我家中住。这两位老太婆做了好朋友，常劝诱家中的几房女眷信佛。家中人有病痛，往往请她们念经许愿还愿。

二哥的丈母颇认得字，带来了《玉历抄传》《妙庄王经》一类的善书，常给我们讲说目连救母游地府，妙庄王的公主（观音）出家修行等等故事。我把她带来的书都看了，又在戏台上看了《观音娘娘出家》全本连台戏，所以脑子里装满了地狱的惨酷景象。

后来三哥得了肺痨病，生了几个孩子都不曾养大。星五伯娘常为三哥拜神佛，许愿，甚至于招集和尚在家中放焰口超度冤魂。三哥自己不肯参加行礼，伯娘常叫我去代替三哥跪拜行礼。我自己幼年身体也很虚弱，多病痛，所以我母亲也常请伯娘带我去烧香拜佛。依家乡的风俗，我母亲也曾把我许在观音菩萨座下做弟子，还给我取了个佛名，上一字是个“观”字，下一字我忘了。我母亲爱我心切，时时教我拜佛拜神总须诚心敬礼。每年她同我上外婆家去，十里路上所过庙宇路亭，凡有神佛之处，她总教我拜揖。有一年我害肚痛，眼睛里又起翳，她代我许愿：病好之后亲自到古塘山观音菩萨座前烧香还愿。后来我病好了，她亲自跟伯娘带了我去朝拜古塘山。山路很难走，她的脚是终年疼的，但她为了儿子，步行朝山，上山时走几步便须坐下歇息，却总不说一声苦痛。我这时候自然也是很诚心的跟着她们礼拜。

我母亲盼望我读书成名，所以常常叮嘱我每天要拜孔夫子。禹臣先生学堂壁上挂着一幅硃印石刻的吴道子画的孔子像，我们每晚放学时总得对他拜一个揖。我到大姊家去拜年，看见了外甥章砚香（比我大几岁）供着一个孔夫子神龛，是用大纸匣子做的，用红纸剪的神位，用火柴盒子做的祭桌，桌子上贴着金纸剪的香炉烛台和供献，神龛外边贴着许多红纸金纸的圣庙匾额对联，写着“德配天地，道冠古今”一类的句子。我看了这神龛，心里好生羡慕，回到家里，也造了一座小圣庙。我在家中寻到了一只燕窝匣子，做了圣庙大庭；又把匣子中间挖空一方块，用一只小匣子糊上去，做了圣庙的内堂，堂上也设了祭桌、神位、香炉、烛台等。我在两厢又添设了颜渊、子路一班圣门弟子的神位，也都有小祭桌。我借得了一部《联语类编》，抄出了许多圣庙联匾句子，都用金银锡箔做成匾对，请近仁叔写了贴上。这一座孔庙很费了我不少的心思。我母亲见我这样敬礼孔夫子，她十分高兴，给我一张小桌子专供这神龛，并且给我一个铜香炉；每逢初一和十五，她总教我焚香敬礼。

这座小圣庙，因为我母亲的加意保存，到我二十七岁从外国回家时，还不曾毁坏。但我的宗教虔诚却早已摧毁破坏了。我在十一二岁时便已变成了一个无神论者。

02

有一天，我正在温习朱子的《小学》，念到了一段司马温公的家训，其中有论地狱的话，说：

形既朽灭，神亦飘散，虽有剉烧舂磨，亦无所施……

我重读了这几句话，忽然高兴得直跳起来。《目连救母》《玉历钞传》等书里的地狱惨状，都呈现在我眼前，但我觉得都不怕了。放焰口的和尚陈设在祭坛上的十殿阎王的画像，和十八层地狱的种种牛头马面用钢叉把罪人叉上刀山，叉下油锅，抛下奈何桥下去喂饿狗毒蛇——这种种惨状也都呈现在我眼前，但我现在觉得都不怕了。我再三念这句话："形既朽灭，神亦飘散，虽有剉烧舂磨，亦无所施。"我心里很高兴，真像地藏王菩萨把锡杖一指，打开地狱门了。

这件事我记不清在哪一年了，大概在十一岁时。这时候，我已能够自己看古文书了。禹臣先生教我看《纲鉴易知录》，后来又教我改看《御批通鉴辑览》。《易知录》有句读，故我不觉吃力。《通鉴辑览》须我自己用朱笔点读，故读的很迟缓。有一次二哥从上海回来，见我看《御批通鉴辑览》，他不赞成；他对禹臣先生说，不如看《资治通鉴》。于是我就点读《资治通鉴》了。这是我研究中国史的第一步。我不久便很喜欢这一类历史书，并且感觉朝代帝王年号的难记，就想编一部《历代帝王年号歌诀》！近仁叔很鼓励我做此事，我真动手编这部七字句的历史歌诀了。此稿已遗失了，我已不记得这件野心工作编到了哪一朝代。但这也可算是我的整理国故的破土工作。可是谁也想不到司马光的《资治通鉴》竟会大大的影响我的宗教信仰，竟会使我变成一个无神论者。

有一天，我读到《资治通鉴》第一百三十六卷，中有一段记范缜（齐梁时代人，死时约在西历510年）反对佛教的故事，说：

缜著《神灭论》，以为“形者神之质，神者形之用也。神之于形，犹利之于刃。未闻刃没而利存，岂容形亡而神在哉？”此论出，朝野喧哗，难之，终不能屈。

我先已读司马光论地狱的话了，所以我读了这一段议论，觉得非常明白，非常有理。司马光的话教我不信地狱，范缜的话使我更进一步，就走上了无鬼神的路。范缜用了一个譬喻，说形和神的关系就像刀子和刀口的锋利一样；没有刀子，便没有刀子的“快”了；那么，没有形体，还能有神魂吗？这个譬喻是很浅显的，恰恰合一个初开知识的小孩子的程度，所以我越想越觉得范缜说的有道理。司马光引了这三十五个字的《神灭论》，居然把我脑子里的无数鬼神都赶跑了。从此以后，我不知不觉的成了一个无鬼无神的人。

我那时并不知道范缜的《神灭论》全文载在《梁书》（卷四八）里，也不知道当时许多人驳他的文章保存在《弘明集》里。我只读了这三十五个字，就换了一个人。大概司马光也受了范缜的影响，所以有“形既朽灭，神亦飘散”的议论；大概他感谢范缜，故他编《通鉴》时，硬把《神灭论》摘了最精彩的一段，插入他的不朽的历史里。他决想不到，八百年后这三十五个字竟感悟了一个十二岁的小孩子，竟影响了他一生的思想。

《通鉴》又记述范缜和竟陵王萧子良讨论“因果”的事，这一段在我的思想上也发生了很大的影响。原文如下：

子良笃好释氏，招致名僧，讲论佛法。道俗之盛，江左未有。或亲为众僧赋食行水，世颇以为失宰相体。

范缜盛称无佛。子良曰，“君不信因果，何得有富贵贫贱？”缜曰，“人生如树花同发，随风而散，或拂帘幌，坠茵席之上；或关篱墙，落粪溷之中。坠茵席者，殿下是也。落粪溷者，下官是也。贵贱虽复殊途，因果竟在何处？”子良无以难。

这一段议论也只是一个譬喻，但我当时读了只觉得他说的明白有理，就熟读了记在心里。我当时实在还不能了解范缜的议论的哲学意义。他主张一种“偶然论”，用来破坏佛教的果报轮回说。我小时听惯了佛家果报轮回的教训，最怕来世变猪变狗，忽然看见了范缜不信因果的譬喻，我心里非常高兴，胆子就大得多了。他和司马光的神灭论教我不怕地狱；他的无因果论教我不怕轮回。我喜欢他们的话，因为他们教我不怕。我信服他们的话，因为他们教我不怕。

03

我的思想经过了这回解放之后，就不能虔诚拜神拜佛了。但我在我母亲面前，还不敢公然说出不信鬼神的议论。她叫我上分祠里去拜祖宗，或去烧香还愿，我总不敢不去，满心里的不愿意，我终不敢让她知道。

我十三岁的正月里，到大姊家去拜年，住了几天，到十五日早晨，才和外甥砚香同回我家去看灯。他家的一个长工挑着新年糕饼等物事，跟着我们走。

半路上到了中屯外婆家，我们进去歇脚，吃了点心，又继续前进。中屯村口有个三门亭，供着几个神像。我们走进亭子，我指着神像对砚香说，“这里没有人看见，我们来把这几个烂泥菩萨拆下来抛到茅厕里去，好吗？”

这样突然主张毁坏神像，把我的外甥吓住了。他虽然听我说过无鬼无神的话，却不曾想到我会在这路亭里提议实行捣毁神像。他的长工忙劝阻我道：“糜舅，菩萨是不好得罪的。”我听了这话，更不高兴，偏要拾石子去掷神像。恰好村子里有人下来了，砚香和那长工就把我劝走了。

我们到了我家中，我母亲煮面给我们吃，我刚吃了几筷子，听见门外锣鼓响，便放下面，跑出去看舞狮子了。这一天来看灯的客多，家中人都忙着照料客人，谁也不来管我吃了多少面。我陪着客人出去玩，也就忘了肚子饿了。

晚上陪客人吃饭，我也喝了一两杯烧酒。酒到了饿肚子里，有点作怪。晚饭后，我跑出大门外，被风一吹，我有点醉了，便喊道：“月亮，月亮，下来看灯！”别人家的孩子也跟着喊，“月亮，月亮，下来看灯！”

门外的喊声被屋里人听见了，我母亲叫人来唤我回去。我怕她责怪，就跑出去了。来人追上去，我跑的更快。有人对我母亲说，我今晚上喝了烧酒，怕是醉了。我母亲自己出来唤我，这时候我已被人追回来了。但跑多了，我真有点醉了，就和他们抵抗，不肯回家。母亲抱住我，我仍喊着要月亮下来看灯。许多人围拢来看，我仗着人多，嘴里仍旧乱喊。母亲把我拖进房里，一群人拥进房来看。

这时候，那位跟我们来的章家长工走到我母亲身边，低低的说："外婆（他跟着我的外甥称呼），糜舅今夜怕不是吃醉了吧？今天我们从中屯出来，路过三门亭，糜舅要把那几个菩萨拖下来丢到茅厕里去。他今夜嘴里乱说话，怕是得罪了神道，神道怪下来了。"

这几句话，他低低地说，我靠在母亲怀里，全听见了。我心里正怕喝醉了酒，母亲要责罚我；现在我听了长工的话，忽然想出了一条妙计。我想："我胡闹，母亲要打我；菩萨胡闹，她不会责怪菩萨。"于是我就闹的更凶，说了许多疯话，好像真有鬼神附在我身上一样！

我母亲着急了，叫砚香来问，砚香也说我日里的确得罪了神道。母亲就叫别人来抱住我，她自己去洗手焚香，向空中祷告三门亭的神道，说我年小无知，触犯了神道，但求神道宽宏大量，不计较小孩的罪过，宽恕了我。我们将来一定亲到三门亭去烧香还愿。

这时候，邻舍都来看我，挤满了一屋子的人，有些妇女还提着"火箵"（徽州人冬天用瓦炉装炭火，外面用篾丝作篮子，可以随身携带，名为火箵），房间里闷热的很。我热的脸都红了，真有点像醉人。

忽然门外有人报信，说，"龙灯来了，龙灯来了！"男男女女都往外跑，都想赶到十字街口去等候看灯。一会儿，一屋子的人都散完了，只剩下我和母亲两个人。房里的闷热也消除了，我也疲倦了，就不知不觉的睡着了。

母亲许的愿好像是灵应了。第二天，她教训了我一场，说我不应该瞎说，更不应该在神道面前瞎说。但她不曾责罚我，我心里高兴，万想不到我的责罚却在一个月之后。

过了一个月，母亲同我上中屯外婆家去。她拿出钱来，在外婆家办了猪头供献，备了香烛纸钱，她请我母舅领我到三门亭里去谢神还愿。我母舅是个虔诚的人，他恭恭敬敬的摆好供献，点起香烛，陪着我跪拜谢神。我忍住笑，恭恭敬敬的行了礼——心里只怪我自己当日扯谎时，不曾想到这样比挨打还更难为情的责罚！

直到我二十七岁回家时，我才敢对母亲说那一年元宵节，附在我身上胡闹的不是三门亭的神道，只是我自己。母亲也笑了。

十九，十二，二十五，在北京

（原载于《新月》第3卷第4号）

在上海（上）

01

光绪甲辰年（1904年）的春天，三哥的肺病已到了很危险的时期，他决定到上海去医治。我母亲也决定叫我跟他到上海去上学。那时我名为十四岁，其实只有十二岁有零。这一次我和母亲分别之后，十四年之中，我只回家三次，和她在一块的时候还不满六个月。她只有我一个人，只因为爱我太深，望我太切，所以她硬起心肠，送我向远地去求学。临别的时候，她装出很高兴的样子，不曾掉一滴眼泪。我就这样出门去了，向那不可知的人海里，去寻求我自己的教育和生活，——孤零零的一个小孩子，所有的防身之具只是一个慈母的爱，一点点用功的习惯，和一点点怀疑的倾向。

我在上海住了六年（1904—1910），换了四个学校（梅溪学堂、澄衷学堂、中国公学、中国新公学）。这是我一生的第二个段落。

我父亲生平最佩服一个朋友——上海张焕纶先生（字经甫）。张先生是提倡新教育最早的人，他自己办了一个梅溪书院，后来改为梅溪学堂。二哥三哥都在梅溪书院住过，所以我到了上海也就进了梅溪学堂。我只见过张焕纶先生一次，不久他就死了。现在谈中国教育史的人，很少能知道这一位新教育的老先锋了。他死了二十二年之后，我在巴黎见着赵诒琫先生（字颂南，无锡人），他是张先生的得意学生，他说他在梅溪书院很久，最佩服张先生的人格，受他的感化最深。他说，张先生教人的宗旨只是一句话："千万不要仅仅做个自了汉。"我坐在巴黎乡间的草地上，听着赵先生说话，想着赵先生夫妇的刻苦生活和奋斗精神，——这时候，我心里想：张先生的一句话影响了他的一个学生的一生，张先生的教育事业不算是失败。

梅溪学堂的课程是很不完备的，只有国文、算学、英文三项。分班的标准是国文程度。英文、算学的程度虽好，国文不到头班，仍不能毕业。国文到了头班，英文、算学还很幼稚，却可以毕业。这个办法虽然不算顶好，但这和当时教会学堂的偏重英文，都是过渡时代的特别情形。

我初到上海的时候，全不懂得上海话。进学堂拜见张先生时，我穿着蓝呢的夹袍，绛色呢大袖马褂，完全是个乡下人。许多小学生围拢来看我这乡下人。因为我不懂话，又不曾"开笔"做文章，所以暂时编在第五班，差不多是最低的一班。班上读的是文明书局的《蒙学读本》，英文班上用《华英初阶》，算学班上用《笔算算学》。

我是读了许多古书的，现在读《蒙学读本》，自然毫不费力，所以有工夫专读英文、算学。这样过了六个星期。到了第四十二天，我的机会来了。教《蒙学读本》的沈先生大概也瞧不起这样浅近的书，更料不到这班小孩子里面有人站起来驳正他的错误。这一天，他讲的一课书里有这样一段引语：

传曰：二人同心，其利断金。同心之言，其臭如兰。

沈先生随口说这是《左传》上的话。我那时已勉强能说几句上海话了，等他讲完之后，我拿着书，走到他的桌边，低声对他说："这个'传曰'是《易经》的《系辞传》，不是《左传》。"先生脸红了，说："侬读过《易经》？"我说读过。他又问："阿曾读过别样经书？"我说读过《诗经》《书经》《礼记》。他问我做过文章没有，我说没有做过。他说，"我出个题目，拨侬做做试试看。"他出了"孝弟说"三个字，我回到座位上，勉强写了一百多字，交给先生看。他看了对我说："侬跟我来。"我卷了书包，跟他下楼走到前厅。前厅上东面是头班，西面是二班。沈先生到二班课堂上，对教员顾先生说了一些话，顾先生就叫我坐在末一排的桌子上。我才知道我一天之中升了四班，居然做第二班的学生了。

可是我正在欢喜的时候，抬头一看，就得发愁了。这一天是星期四，是作文的日子。黑板上写着两个题目：

论题：原日本之所由强。

经义题：古之为关也将以御暴，今之为关也将以为暴。

我从来不知道“经义”是怎样做的，所以想都不敢去想他。可是日本在天南地北，我还不很清楚，这个“原日本之所由强”又从哪里说起呢？既不敢去问先生，班上同学又没有一个熟人，我心里颇怪沈先生太鲁莽，不应该把我升得这么高，这么快。

忽然学堂的茶房走到厅上来，对先生说了几句话，呈上一张字条，先生看了字条，对我说，我家中有要紧事，派了人来领我回家，卷子可以带回去做，下星期四交卷。我正在着急，听了先生的话，抄了题目，逃出课堂，赶到门房，才知道三哥病危，二哥在汉口没有回来，店里（我家那时在上海南市开一个公义油栈）的管事慌了，所以派人来领我回去。

我赶到店里，三哥还能说话。但不到几个钟头，他就死了，死时他的头还靠在我手腕上。第三天，二哥从汉口赶到。丧事办了之后，我把升班的事告诉二哥，并且问他“原日本之所由强”一个题目应该参考一些什么书。二哥检了《明治维新三十年史》、壬寅《新民丛报汇编》……一类的书，装了一大篮，叫我带回学堂去翻看。费了几天的工夫，才勉强凑了一篇论说交进去。不久我也会做经义了。几个月之后，我居然算是头班学生了，但英文还不曾读完《华英初阶》，算学还只做到“利息”。

这一年梅溪学堂改为梅溪小学，年底要办毕业第一班。我们听说学堂里要送张在贞、王言、郑璋和我四个人到上海道衙门去考试。我和王、郑二人都不愿意去考试，都不等到考试日期，就离开学堂了。

为什么我们不愿受上海道的考试呢？这一年之中，我们都经过了思想上的一种激烈变动，都自命为“新人物”了。二哥给我的一大篮子的“新书”，其中很多是梁启超先生一派人的著述，这时代是梁先生的文章最有势力的时代，他虽不曾明白提倡种族革命，却在一班少年人的脑海里种下了不少革命种子。有一天，王言君借来了一本邹容的《革命军》，我们几个人传观，都很受感动。借来的书是要还人的，所以我们到了晚上，等舍监查夜过去之后，偷偷起来点着蜡烛，轮流抄了一本《革命军》。正在传抄《革命军》的少年，怎肯投到官厅去考试呢？

这一年是日俄战争的第一年，上海的报纸上每天登着很详细的战事新闻，爱看报的少年学生都感觉绝大的兴奋。这时候中国的舆论和民众心理都表同情于日本，都痛恨俄国，又都痛恨清政府的宣告中立。仇俄的心理增加了不少排满的心理。这一年，上海发生了几件刺激人心的案子。一件是革命党万福华在租界内枪击前广西巡抚王之春，因为王之春从前是个联俄派。一件是上海黄浦滩上一个宁波木匠周生有，被一个俄国水兵无故砍杀。这两件事都引起上海报纸的注意；尤其是那年新出现的《时报》，天天用简短沉痛的时评替周生有喊冤，攻击上海的官厅。我们少年人初读这种短评，没有一个不受刺激的。周生有案的判决使许多人失望。我和王言、郑璋三个人都恨极了上海道袁海观，所以联合写了一封长信去痛骂他。这封信是匿名的，但我们总觉得不愿意去受他的考试。所以我们三个人都离开梅溪学堂了。（王言是黟县人，后来不知下落了；郑璋是潮阳人，后改名仲诚，毕业于复旦，不久病死。）

02

我进的第二个学堂是澄衷学堂。这学堂是宁波富商叶成忠先生创办的，原来的目的是教育宁波的贫寒子弟；后来规模稍大，渐渐成了上海一个有名的私立学校，来学的人便不限止于宁波人了。这时候的监督是章一山先生，总教是白振民先生。白先生和我二哥是同学，他看见了我在梅溪作的文字，劝我进澄衷学堂。光绪乙巳年（1905年），我就进了澄衷学堂。

澄衷共有十二班，课堂分东西两排，最高一班称为东一斋，第二班为西一斋，以下直到西六斋。这时候还没有严格规定的学制，也没有什么中学小学的分别。用现在的名称来分，可算前六班为中学，其余六班为小学。澄衷的学科比较完全多了，国文、英文、算学之外，还有物理、化学、博物、图画诸科。分班略依各科的平均程度，但英文、算学程度过低的都不能入高班。

我初进澄衷时，因英文、算学太低，被编在东三斋（第五班）。下半年便升入东二斋（第三班），第二年（丙午，1906年）又升入西一斋（第二班）。澄衷管理很严，每月有月考，每半年有大考，月考大考都出榜公布，考前三名的有奖品。我的考试成绩常常在第一，故一年升了四班。我在这一年半之中，最有进步的是英文、算学。教英文的谢昌熙先生、陈诗豪先生、张镜人先生、教算学的郁耀卿先生，都给了我很多的益处。

我这时候对于算学最感兴趣，常常在宿舍熄灯之后，起来演习算学问题。卧房里没有桌子，我想出一个法子来，把蜡烛放在帐子外床架上，我伏在被窝里，仰起头来，把石板放在枕头上做算题。因为下半年就要跳过一班，所以我须要自己补习代数。我买了一部丁福保先生编的代数书，在一个夏天把初等代数习完了，下半年安然升班。

这样的用功，睡眠不够，就影响到身体的健康。有一个时期，我的两只耳朵几乎全聋了。但后来身体渐渐复原，耳朵也不聋了。我小时身体多病，出门之后，逐渐强健。重要的原因我想是因为我在梅溪和澄衷两年半之中从来不曾缺一点钟体操的功课。我从来没有加入竞赛的运动，但我上体操的课，总很用气力做种种体操。

澄衷的教员之中，我受杨千里先生（天骥）的影响最大。我在东三斋时，他是西二斋的国文教员，人都说他思想很新。我去看他，他很鼓励我，在我的作文稿本上题了“言论自由”四个字。后来我在东二斋和西一斋，他都做过国文教员。有一次，他教我们班上买吴汝纶删节的严复译本《天演论》来做读本，这是我第一次读《天演论》，高兴得很。他出的作文题目也很特别，有一次的题目是“物竞天择，适者生存，试申其义。”（我的一篇，前几年澄衷校长曹锡爵先生和现在的校长葛祖兰先生曾在旧课卷内寻出，至今还保存在校内）。这种题目自然不是我们十几岁小孩子能发挥的，但读《天演论》，做“物竞天择”的文章，都可以代表那个时代的风气。

《天演论》出版之后，不上几年，便风行到全国，竟做了中学生的读物了。读这书的人，很少能了解赫胥黎在科学史和思想史上的贡献。他们能了解的只是那“优胜劣败”的公式在国际政治上的意义。在中国屡次战败之后，在庚子辛丑大耻辱之后，这个“优胜劣败，适者生存”的公式确是一种当头棒喝，给了无数人一种绝大的刺激。几年之中，这种思想像野火一样，延烧着许多少年人的心和血。“天演”“物竞”“淘汰”“天择”等术语，都渐渐成了报纸文章的熟语，渐渐成了一班爱国志士的“口头禅”。还有许多人爱用这种名词做自己或儿女的名字。陈炯明不是号竞存吗？我有两个同学，一个叫孙竞存，一个叫做杨天择。我自己的名字也是这种风气底下的纪念品。我在学堂里的名字是胡洪骍。有一天的早晨，我请我二哥代我想一个表字，二哥一面洗脸，一面说："就用'物竞天择，适者生存'的'适'字，好不好？"我很高兴，就用"适之"二字（二哥字绍之，三哥字振之）。后来我发表文字，偶然用"胡适"作笔名，直到考试留美官费时（1910年）我才正式用"胡适"的名字。

我在澄衷一年半，看了一些课外的书籍。严复译的《群己权界论》，像是在这时代读的。严先生的文字太古雅，所以少年人受他的影响没有梁启超的影响大。梁先生的文章，明白晓畅之中，带着浓挚的热情，使读的人不能不跟着他走，不能不跟着他想。有时候，我们跟他走到一点上，还想往前走，他却打住了，或是换了方向走了。在这种时候，我们不免感觉一点失望。但这种失望也正是他的大恩惠。因为他尽了他的能力，把我们带到了一个境界，原指望我们感觉不满足，原指望我们更朝前走。跟着他走，我们固然得感谢他；引起了我们的好奇心，指着一个未知的世界叫我们自己去探寻，我们更得感谢他。

我个人受了梁先生无穷的恩惠。现在追想起来，有两点最分明。第一是他的《新民说》，第二是他的《中国学术思想变迁之大势》。梁先生自号"中国之新民"，又号"新民子"，他的杂志也叫做《新民丛报》，可见他的全副心思贯注在这一点。"新民"的意义是要改造中国的民族，要把这老大的病夫民族，改造成一个新鲜活泼的民族。他说：

未有四肢已断，五脏已瘵，筋脉已伤，血轮已涸，而身犹能存

者；则亦未有其民愚陋怯弱涣散混浊而国犹能立者……苟有新民，何患无新制度，无新政府，无新国家！（《新民说·叙论》）

他的根本主张是：

吾思之，吾重思之，今日中国群治之现象殆无一不当从根柢处摧陷廓清，除旧而布新者也。（《新民议》）

说得更沉痛一点：

然则救危亡求进步之道将奈何？曰，必取数千年横暴混浊之政体，破碎而齑粉之，使数千万如虎如狼如蝗如蝻如蜮如蛆之官吏失其社鼠城狐之凭借，然后能涤荡肠胃以上于进步之途也！必取数千年腐败柔媚之学说，廓清而辞辟之，使数百万如蠹鱼如鹦鹉如水母如畜犬之学子毋得摇笔弄舌舞文嚼字，为民贼之后援，然后能一新耳目以行进步之实也！而其所以达此目的之方法有二：一曰无血之破坏，二曰有血之破坏……中国如能为无血之破坏乎？吾馨香而祝之。中国如不能不为有血之破坏乎？吾衰绖而哀之。（《新民说·论进步》）

我们在那个时代读这样的文字，没有一个人不受他的震荡感动的。他在那时代（我那时读的是他在壬寅癸卯做的文字）主张最激烈，态度最鲜明，感人的力量也最深刻。他很明白的提出一个革命的口号：

破坏亦破坏，不破坏亦破坏！（《新民说·论进步》）

后来他虽然不坚持这个态度了，而许多少年人却冲上前去，不肯缩回来了。

《新民说》的最大贡献在于指出中国民族缺乏西洋民族的许多美德。梁先生很不客气地说：

五色人相比较，白人最优。以白人相比较，条顿人最优。以条顿人相比较，盎格鲁撒逊人最优。（《叙论》）

他指出我们所最缺乏而最须采补的是公德，是国家思想，是进取冒险，是权利思想，是自由，是自治，是进步，是自尊，是合群，是生利的能力，是毅力，是义务思想，是尚武，是私德，是政治能力。他在这十几篇文字里，抱着满腔的血诚，怀着无限的信心，用他那枝“笔锋常带情感”的健笔，指挥那无数的历史例证，组织成那些能使人鼓舞，使人掉泪，使人感激奋发的文章。其中如《论毅力》等篇，我在二十五年后重读，还感觉到他的魔力。何况在我十几岁最容易受感动的时期呢？

《新民说》诸篇给我开辟了一个新世界，使我彻底相信中国之外还有很高等的民族，很高等的文化；《中国学术思想变迁之大势》也给我开辟了一个新世界，使我知道《四书》《五经》之外中国还有学术思想。梁先生分中国学术思想史为七个时代：

1. 胚胎时代——春秋以前

2. 全盛时代——春秋末及战国

3. 儒学统一时代——两汉

4. 老学时代——魏晋

5. 佛学时代——南北朝，唐

6. 儒佛混合时代——宋，元，明

7. 衰落时代——近二百五十年

我们现在看这个分段，也许不能满意（梁先生自己后来也不满意，他在《清代学术概论》里，已不认近二百五十年为衰落时代了）。但在二十五年前，这是第一次用历史眼光来整理中国旧学术思想，第一次给我们一个“学术史”的见解。所以我最爱读这篇文章。不幸梁先生做了几章之后，忽然停止了，使我大失所望。甲辰以后，我在《新民丛报》上见他续作此篇，我高兴极了。但我读了这篇长文，终感觉不少的失望。第一，他论“全盛时代”，说了几万字的绪论，却把“本论”（论诸家学说之根据及其长短得失）全搁下了，只注了一个“阙”字。他后来只补作了《子墨子学说》一篇，其余各家始终没有补。第二，“佛学时代”一章的本论一节也全没有做。第三，他把第六个时代（宋、元、明）整个搁起不提。这一部学术思想史中间缺了三个最要紧的部分，使我眼巴巴的望了几年。我在那失望的时期，自己忽发野心，心想：“我将来若能替梁任公先生补作这几章缺了的中国学术思想史，岂不是很光荣的事业？”我越想越高兴，虽然不敢告诉人，却真打定主意做这件事了。

这一点野心就是我后来做《中国哲学史》的种子。我从那时候起，就留心读周秦诸子的书。我二哥劝我读朱子的《近思录》，这是我读理学书的第一部。梁先生的《德育鉴》和《节本明儒学案》，也是这个时期出来的。这些书引我去读宋明理学书，但我读的并不多，只读了王守仁的《传习录》和《正谊堂丛书》内的程朱语录。

我在澄衷的第二年，发起各斋组织“自治会”。有一次，我在自治会演说，题目是“论性”。我驳孟子性善的主张，也不赞成荀子的性恶说，我承认王阳明的性“无善无恶，可善可恶”是对的。我那时正读英文的《格致读本》（*The Science Readers*），懂得了一点点最浅近的科学知识，就搬出来应用了！孟子曾说：

人性之善也，犹水之就下也。人无有不善，水无有不下。

我说：孟子不懂得科学——我们在那时候还叫做“格致”——不知道水有保持水平的道理，又不知道地心吸力的道理。“水无有不下”，并非水性向下，而是地心吸力引他向下。吸力可以引他向下，高地的蓄水塔也可以使自来水管里的水向上。水无上无下，只保持他的水平，却又可上可下，正像人性本无善无恶，却又可善可恶！

我这篇性论很受同学的欢迎，我也很得意，以为我真用科学证明了王阳明的性论了。

我在澄衷只住了一年半，但英文和算学的基础都是在这里打下的。澄衷的好处在于管理的严肃，考试的认真。还有一桩好处，就是学校办事人真能注意到每个学生的功课和品行。白振民先生自己虽不教书，却认得个个学生，时时叫学生去问话。因为考试的成绩都有很详细的记录，故每个学生的能力都容易知道。天资高的学生，可以越级升两班；中等的可以半年升一班；下等的不升班，不升班就等于降半年了。这种编制和管理，是很可以供现在办中学的人参考的。

我在西一斋做了班长，不免有时和学校办事人冲突。有一次，为了班上一个同学被开除的事，我向白先生抗议无效，又写了一封长信去抗议。白先生悬牌责备我，记我大过一次。我虽知道白先生很爱护我，但我当时心里颇感觉不平，不愿继续在澄衷了。恰好夏间中国公学招考，有朋友劝我去考；考取之后，我就在暑假后（1906年）搬进中国公学去了。

二十，三，十八，北京

（原载于《新月》第3卷第7号）

在上海（下）

01

中国公学是因为光绪乙巳年（1905年）日本文部省颁布取缔中国留学生规则，我国的留日学生认为侮辱中国，其中一部分愤慨回国的人在上海创办的。当风潮最烈的时候，湖南陈天华投海自杀，勉励国人努力救国，一时人心大震动，所以回国的很多。回国之后，大家主张在国内办一个公立的大学。乙巳十二月中，十三省的代表全体会决议，定名为“中国公学”。次年（丙午，1906年）春天在上海新靶子路黄板桥北租屋开学。但这时候反对取缔规则的风潮已渐渐松懈了，许多官费生多回去复学了。上海那时还是一个眼界很小的商埠，看见中国公学里许多剪发洋装的少年人自己办学堂，都认为是奇怪的事。政府官吏疑心他们是革命党，社会叫他们做怪物。所以赞助捐钱的人很少，学堂开门不到一个半月，就陷入了绝境。公学的干事姚弘业先生（湖南益阳人）激于义愤，遂于三月十二日投江自杀，遗书几千字，说，“我之死，为中国公学死也。”遗书发表之后，舆论都对他表敬意，社会受了一大震动，赞助的人稍多，公学才稍稍站得住。

我也是当时读了姚烈士的遗书大受感动的一个小孩子。夏天我去投考，监考的是总教习马君武先生。国文题目是“言志”，我不记得说了一些什么，后来马君武先生告诉我，他看了我的卷子，拿去给谭心休、彭施涤先生传观，都说是为公学得了一个好学生。

我搬进公学之后，见许多同学都是剪了辫子，穿着和服，拖着木屐的；又有一些是内地刚出来的老先生，带着老花眼镜，捧着水烟袋的。他们的年纪都比我大的多；我是做惯班长的人，到这里才感觉到我是个小孩子。不久，我已感得公学的英文、数学都很浅，我在甲班里很不费气力。那时候，中国教育界的科学程度太浅，中国公学至多不过可比现在的两级中学程度，然而有好几门功课都不能不请日本教员来教。如高等代数、解析几何、博物学，最初都是日本人教授，由懂日语的同学翻译。甲班的同学有朱经农、李琴鹤等，都曾担任翻译。又有几位同学还兼任学校的职员或教员，如但懋辛便是我们的体操教员。当时的同学和我年纪不相上下的，只有周烈忠、李骏、孙粹存、孙竞存等几个人。教员和年长的同学都把我们看作小弟弟，特别爱护我们，鼓励我们。我和这一班年事稍长，阅历较深的师友们往来，受他们的影响最大。我从小本来就没有过小孩子的生活，现在天天和这班年长的人在一块，更觉得自己不是个小孩子了。

中国公学的教职员和同学之中，有不少的革命党人。所以在这里要看东京出版的《民报》，是最方便的。暑假年假中，许多同学把《民报》缝在枕头里带回内地去传阅。还有一些激烈的同学往往强迫有辫子的同学剪去辫子。但我在公学三年多，始终没有人强迫我剪辫，也没有人劝我加入同盟会。直到二十年后，但懋辛先生才告诉我，当时校里的同盟会员曾商量过，大家都认为我将来可以做学问，他们要爱护我，所以不劝我参加革命的事。但在当时，他们有些活动也并不瞒我。有一晚十点钟的时候，我快睡了，但君来找我，说，有个女学生从日本回国，替朋友带了一只手提小皮箱，江海关上要检查，她说没有钥匙，海关上不放行。但君因为我可以说几句英国话，要我到海关上去办交涉。我知道箱子里是危险的违禁品，就跟了他到海关码头，这时候已过十一点钟，谁都不在了。我们只好怏怏回去。第二天，那位女学生也走了，箱子她丢在关上不要了。

我们现在看见上海各学校都用国语讲授，决不能想象二十年前的上海还完全是上海话的世界，各学校全用上海话教书。学生全得学上海话。中国公学是第一个用“普通话”教授的学校。学校里的学生，四川、湖南、河南、广东的人最多，其余各省的人也差不多全有。大家都说“普通话”，教员也用“普通话”。江浙的教员，如宋耀如、王仙华、沈翔云诸先生，在讲堂上也都得勉强说官话。我初入学时，只会说徽州话和上海话；但在学校不久也就会说“普通话”了。我的同学中四川人最多；四川话清楚干净，我最爱学他，所以我说的普通话最近于四川话。二三年后，我到四川客栈（元记、厚记等）去看朋友，四川人只问，“贵府是川东？是川南？”他们都把我看成四川人了。

中国公学创办的时候，同学都是创办人。职员都是同学中举出来的，所以没有职员和学生的界限。当初创办的人都有革命思想，想在这学校里试行一种民主政治的制度。姚弘业烈士遗书中所谓“以大公无我之心，行共和之法”，即是此意。全校的组织分为“执行”与“评议”两部。执行部的职员（教务干事、庶务干事、斋务干事）都是评议部举出来的，有一定的任期，并且对于评议部要负责任。评议部是班长和室长组织成的，有监督和弹劾职员之权。评议部开会时，往往有激烈的辩论，有时直到点名熄灯时方才散会。评议员之中，最出名的是四川人龚从龙，口齿清楚，态度从容，是一个好议长。这种训练是很有益的。我年纪太小，第一年不够当评议员，有时在门外听听他们的辩论，不禁感觉我们在澄衷学堂的自治会真是儿戏。

02

我第一学期住的房间里，有好几位同学都是江西萍乡和湖南醴陵人，他们都是邻县人，说的话我听不大懂。但不到一个月，我们很相熟了。他们都是二三十岁的人了；有一位钱文恢（号古愚）已有胡子，人叫他钱胡子。他告诉我，他们现在组织了一个学会，叫做竞业学会，目的是“对于社会，竞与改良；对于个人，争自濯磨”，所以定了这个名字。他介绍我进这个会，我答应了。钱君是会长，他带我到会所里去，给我介绍了一些人。会所在校外北四川路厚福里。会中住的人大概多是革命党。有个杨卓林，还有个廖德璠，后来都是因谋革命被杀的。会中办事最热心的人，钱君之外，有谢寅杰和丁洪海两君，他两人维持会务最久。

竞业学会的第一件事业就是创办一个白话的旬报，就叫做《竞业旬报》。他们请了一位傅君健先生（号钝根）来做编辑。旬报的宗旨，傅君说，共有四项：一振兴教育，二提倡民气，三改良社会，四主张自治。其实这都是门面语，骨子里是要鼓吹革命。他们的意思是要“传布于小学校之青年国民”，所以决定用白话文。胡梓方先生（后来的诗人胡诗庐）作《发刊词》，其中有一段说：

今世号通人者，务为艰深之文，陈过高之义，以为士大夫劝，而独不为彼什伯千万倍里巷乡闾之子计，则是智益智，愚益愚，智日少，愚日多也。顾可为治乎哉？

又有一位会员署名“大武”，作文《论学官话的好处》，说：

诸位呀，要救中国，先要联合中国的人心。要联合中国的人心，先要统一中国的言语……但现今中国的语言也不知有多少种，如何叫他们合而为一呢？……除了通用官话，更别无法子了。但是官话的种类也很不少，有南方官话，有北方官话，有北京官话。现在中国全国通行官话，只须摹仿北京官话，自成一种普通国语哩。

这班人都到过日本，又多数是中国公学的学生，所以都感觉“普通国语”的需要。“国语”一个目标，屡见于《竞业旬报》的第一期，可算是提倡最早的了。

《竞业旬报》第一期是丙午年（1906年）九月十一日出版的。同住的钟君看见我常看小说，又能作古文，就劝我为《旬报》作白话文。第一期里有我的一篇通俗《地理学》，署名“期自胜生”。那时候我正读《老子》，爱上了“自胜自强”一句话，所以取了个别号叫“希强”，又自称“期自胜生”。这篇文字是我的第一篇白话文字，所以我抄其中说“地球是圆的”一段在这里做一个纪念：

譬如一个人立在海边，远远地望这来往的船只。那来的船呢，一定是先看见它的桅杆顶，以后方能看见他的风帆，它的船身一定在最后方可看见。那去的船呢，却恰恰与来的相反，它的船身一定先看不见，然后看不见它的风帆，直到后来方才看不见它的桅杆顶。这是什么缘故呢？因为那地是圆的，所以来的船在那地的低处慢慢行上来，我们看去自然先看见那桅杆顶了。那去的船也是这个道理，不过同这个相反罢了。诸君们如再不相信，可捉一只苍蝇摆在一只苹果上，叫他从下面爬到上面来，可不是先看见他的头然后再看见他的脚么？

这段文字已充分表现出我的文章的长处和短处了。我的长处是明白清楚，短处是浅显。这时候我还不满十五岁。二十五年来，我抱定一个宗旨，做文字必须要叫人懂得，所以我从来不怕人笑我的文字浅显。

我做了一个月的白话文，胆子大起来了，忽然决心做一部长篇的章回小说。小说的题目叫做《真如岛》，用意是“破除迷信，开通民智”。我拟了四十回的题目，便开始写下去了。第一回就在《旬报》第三期上发表（丙午十月初一日），回目是：

虞善仁疑心致疾

孙绍武正论祛迷

这小说的开场一段是：

话说江西广信府贵溪县城外有一个热闹的市镇叫做神权镇，镇上有一条街叫做福儿街。这街尽头的地方有一所高大的房子。有一天下午的时候，这屋的楼上有二人在那里说话。一个是一位老人，年纪大约五十以外的光景，鬓发已略有些花白了，躺在一张床上，把头靠近床沿，身上盖了一条厚被，面上甚是消瘦，好像是重病的模样。一个是一位十八九岁的后生，生得仪容端正，气概轩昂，坐在床前一只椅子上，听那个老人说话。

我小时候最痛恨道教，所以这部小说的开场白就放在张天师的家乡。但我实在不知道贵溪县的地理风俗，所以不久我就把书中的主人翁孙绍武搬到我们徽州去了。

《竞业旬报》出到第十期，便停办了。我的小说续到第六回，也停止了。直到戊申年（1908年）三月十一日，《旬报》复活，第十一期才出世。但傅君健已不来了，编辑无人负责，我也不大高兴投稿了。到了戊申七月，《旬报》第二十四期以下就归我编辑。从第二十四期到第三十八期，我做了不少的文字，有时候全期的文字，从论说到时闻，差不多都是我做的。《真如岛》也从第二十四期上续作下去，续到第十一回，《旬报》停刊了，我的小说也从此停止了。这时期我改用了“铁儿”的笔名。

这几十期的《竞业旬报》给了我一个绝好的自由发表思想的机会，使我可以把在家乡和在学校得着的一点点知识和见解，整理一番，用明白清楚的文字叙述出来。《旬报》的办事人从来没有干涉我的言论，所以我能充分发挥我的思想，尤其是我对宗教迷信的思想。例如《真如岛》小说第八回里，孙绍武这样讨论“因果”的问题：

这“因果”二字，很难说的。从前有人说，“譬如窗外这一树花儿，枝枝朵朵都是一样，何曾有什么好歹善恶的分别？不多一会，起了一阵狂风，把一树花吹一个‘花落花飞飞满天’，那许多花朵，有的吹上帘栊，落在锦茵之上；有的吹出墙外，落在粪溷之中。这落花的好歹不同，难道说是这几枝花的善恶报应不成？”这话很是，但是我的意思却还不止此。大约这因果二字是有的。有了一个因，必收一个果。譬如吃饭自然会饱，吃酒自然会醉。有了吃饭吃酒两件原因，自然会生出醉饱两个结果来。但是吃饭是饭的作用生出饱来，种瓜是瓜的作用生出新瓜来。其中并没有什么人为之主宰。如果有什么人为主宰，什么上帝哪，菩萨哪，既能罚恶人于既作孽之后，为什么不能禁之于未作孽之前呢？……“天”要是真有这么大的能力，何不把天下的人个个都成了善人呢？……“天”既生了恶人，让他在世间作恶，后来又叫他受许多报应，这可不是书上说的“出尔反尔”么？……总而言之，“天”既不能使人不作恶，便不能罚那恶人。

落花一段引的是范缜的话（看本书第二章）[1]，后半是我自己的议论。这是很不迟疑的无神论。这时候我另在《旬报》上发表了一些《无鬼丛话》，第一条就引用司马温公“形既朽灭，神亦飘散，虽有剉烧舂磨，亦无所施”的话，和范缜“神之于形，犹利之于刃”的话（参看第二章）。第二条引苏东坡的诗：“耕田欲雨刈欲晴，去得顺风来者怨。若使人人祷辄遂，造物应须日千变”。第三条痛骂《西游记》和《封神榜》，其中有这样的话：

夫士君子处颓敝之世，不能摩顶放踵敝口焦舌以挽滔滔之狂澜，曷若隐遁穷邃，与木石终其身！更安忍随波逐流，阿谀取容于当世，用自私利其身？（本条前面说《封神榜》的作者把书稿送给他的女儿作嫁资，其婿果然因此发财。所以此处有“自私利”的话。）天壤间果有鬼神者，则地狱之设正为此辈！此其人更安有著书资格耶！（《丛话》原是用文言作的。）

这是戊申（1908年）年八月发表的。谁也梦想不到说这话的小孩子在十五年后（1923年）居然很热心地替《西游记》作两万字的考证！如果他有好材料，也许他将来还替《封神榜》作考证哩！

在《无鬼丛话》的第三条里，我还接着说：

1　此处指《从拜神到无神》章，余同。——编者注。

《王制》有之：“托于鬼神时日卜筮以乱众者，诛。”吾独怪夫数千年来之掌治权者，之以济世明道自期者，乃懵然不之注意，惑世诬民之学说得以大行，遂举我神州民族投诸极黑暗之世界！嗟夫，吾昔谓“数千年来仅得许多脓包皇帝，混帐圣贤”，吾岂好詈人哉？吾其好詈人哉？

这里很有“卫道”的臭味，但也可以表现我在不满十七岁时的思想路子。《丛话》第四条说：

吾尝持无鬼之说，论者或咎余，谓举一切地狱因果之说而摧陷之，使人敢于为恶，殊悖先王神道设教之旨。此言余不能受也。今日地狱因果之说盛行，而恶人益多，民德日落，神道设教之成效果何如者！且处兹思想竞争时代，不去此种种魔障，思想又乌从而生耶？

这种夸大的口气，出于一个十七岁孩子的笔下，未免叫人读了冷笑。但我现在回看我在那时代的见解，总算是自己独立想过几年的结果，比起现今一班在几个抽象名词里翻筋斗的少年人们，我还不感觉惭愧。

《竞业旬报》上的一些文字，我早已完全忘记了。前年中国国民党的中央宣传部曾登报征求全份的《竞业旬报》，——大概他们不知道这里面一大半的文字是胡适做的，——似乎也没有效果。我靠几个老朋友的帮忙，搜求了几年，至今还不曾凑成全份。今年回头看看这些文字，真有如同隔世之感。但我很诧异的是有一些思想后来成为我的重要的出发点的，在那十七八岁的时候已有了很明白的倾向了。例如我在《旬报》第三十六期上发表一篇《苟且》，痛论随便省事不肯彻底思想的毛病，说“苟且”二字是中国历史上的一场大瘟疫，把几千年的民族精神都瘟死了。我在《真如岛》小说第十一回（《旬报》三十七期）论扶乩的迷信，也说：

程正翁，你想罢。别说没有鬼神，即使有鬼神，那关帝吕祖何等尊严，岂肯听那一二张符诀的号召？这种道理总算浅极了，稍微想一想，便可懂得。只可怜我们中国人总不肯想，只晓得随波逐流，随声附和。国民愚到这步田地，照我的眼光看来，这都是不肯思想之故。所以宋朝大儒程伊川说“学原于思”，这区区四个字简直是千古至言。——郑先生说到这里，回过头来，对翼华、翼璜道：“程子这句话，你们都可写作座右铭。”

“学原于思”一句话是我在澄衷学堂读朱子《近思录》时注意到的。我后来的思想走上了赫胥黎和杜威的路上去，也正是因为我从十几岁时就那样十分看重思想的方法了。

又如那时代我在李莘伯办的《安徽白话报》上发表的一篇《论承继之不近人情》（转载在《旬报》二十九期），我不但反对承继儿子，并且根本疑问“为什么一定要儿子？”此文的末尾有一段说：

我如今要荐一个极孝顺永远孝顺的儿子给我们中国四万万同胞。这个儿子是谁呢？便是“社会”……

你看那些英雄豪杰仁人义士的名誉，万古流传，永不湮没；全社会都崇拜他们，纪念他们；无论他们有子孙没有子孙，我们纪念着他们，总不少减；也只为他们有功于社会，所以社会永远感谢他们，纪念他们。阿唫唫，这些英雄豪杰仁人义士的孝子贤孙多极了，多极了！……一个人能做许多有益于大众有功于大众的事业，便可以把全社会都成了他的孝子贤孙。列位要记得：儿子，孙子，亲生的，承继的，都靠不住。只有我所荐的孝子顺孙是万无一失的。

这些意思，最初起于我小时看见我的三哥出继珍伯父家的痛苦情形，是从一个真问题上慢慢想出来的一些结论。这一点种子，在四五年后，我因读培根（Bacon）的论文有点感触，在日记里写成我的《无后主义》。在十年之后，又因为我母亲之死引起了一些感想，我才写成《不朽：我的宗教》一文，发挥“社会不朽”的思想。

这几十期的《竞业旬报》，不但给了我一个发表思想和整理思想的机会，还给了我一年多作白话文的训练。清朝末年出了不少的白话报，如《中国白话报》《杭州白话报》《安徽俗话报》《宁波白话报》《潮州白话报》，都没有长久的寿命。光绪宣统之间，范鸿仙等办《国民白话日报》，李莘伯办《安徽白话报》，都有我的文字，但这两个报都只有几个月的寿命。《竞业旬报》出到四十期，要算最长寿的白话报了。我从第一期投稿起，直到他停办时止，中间不过有短时期没有我的文字。和《竞业旬报》有编辑关系的人，如傅君剑，如张丹斧，如叶德争，都没有我的长久关系，也没有我的长期训练。我不知道我那几十篇文字在当时有什么影响，但我知道这一年多的训练给了我自己绝大的好处，白话文从此形成了我的一种工具。七八年之后，这件工具使我能够在中国文学革命的运动里做了一个开路的工人。

03

我进中国公学不到半年，就得了脚气病，不能不告假医病。我住在上海南方瑞兴泰茶叶店里养病，偶然翻读吴汝纶选的一种古文读本，其中第四册全是古诗歌。这是我第一次读古体诗歌，我忽然感觉很大的兴趣。病中每天读熟几首。不久就把这一册古诗读完了。我小时曾读一本律诗，毫不觉得有兴味，这回看了这些乐府歌辞和五七言诗歌，才知道诗歌原来是这样自由的，才知道做诗原来不必先学对仗。我背熟的第一首诗是《木兰辞》，第二首是《饮马长城窟行》，第三是《古诗十九首》。一路下去，直到陶潜、杜甫，我都喜欢读。读完了吴汝纶的选本，我又在二哥的藏书里寻得了《陶渊明集》和《白香山诗选》，后来又买了一部《杜诗镜诠》。这时期我专读古体歌行，不肯再读律诗；偶然也读一些五七言绝句。

有一天，我回学堂去，路过《竞业旬报》社，我进去看傅君剑，他说不久就要回湖南去了。我回到了宿舍，写了一首送别诗，自己带给君剑，问他像不像诗。这诗我记不得了，只记得开端是“我以何因缘，得交傅君剑”。君剑很夸奖我的送别诗，但我终有点不自信。过了一天，他送了一首《留别适之即和赠别之作》来，用日本卷笺写好，我打开一看，真吓了一跳。他诗中有“天下英雄君与我，文章知己友兼师”两句，在我这刚满十五岁的小孩子的眼里，这真是受宠若惊了！“难道他是说谎话哄小孩子吗？”我忍不住这样想。君剑这幅诗笺，我赶快藏了，不敢给人看。然而他这两句鼓励小孩子的话可害苦我了！从此以后，我就发愤读诗，想要做个诗人了。有时候，我在课堂上，先生在黑板上解高等代数的算式，我却在斯密司的《大代数学》底下翻《诗韵合璧》，练习簿上写的不是算式，是一首未完的纪游诗。一两年前我半夜里偷点着蜡烛，伏在枕头上演习代数问题，那种算学兴趣现在都被做诗的新兴趣赶跑了！我在脚气病的几个月之中发现了一个新世界，同时也决定了我一生的命运。我从此走上了文学史学的路，后来几次想矫正回来，想走到自然科学的路上去，但兴趣已深，习惯已成，终无法挽回了。

丁未正月（1907年）我游苏州，三月与中国公学全体同学旅行到杭州，我都有诗纪游。我那时全不知道“诗韵”是什么，只依家乡的方音，念起来同韵便算同韵。在西湖上写了一首绝句，只押了两个韵脚，杨千里先生看了大笑，说，一个字在“尤”韵，一个字在“萧”韵。他替我改了两句，意思全不是我的了。我才知道做诗要硬记《诗韵》，并且不妨牺牲诗的意思来迁就诗的韵脚。

丁未五月，我因脚气病又发了，遂回家乡养病。（我们徽州人在上海得了脚气病，必须赶紧回家乡，行到钱塘江的上游，脚肿便渐渐退了）。我在家中住了两个多月，母亲很高兴。从此以后，我十年不归家（1907—1917），那是母亲和我都没有料到的。那一次在家，和近仁叔相聚甚久，他很鼓励我作诗。在家中和路上我都有诗。这时候我读了不少白居易的诗，所以我这时期的诗，如在家乡做的《弃父行》，很表现《长庆集》的影响。

丁未以后，我在学校里颇有少年诗人之名，常常和同学们唱和。有一次我做了一首五言律诗，押了一个“赮”字韵，同学和教员和作的诗有十几首之多。同学中如汤昭（保民）、朱经（经农）、任鸿隽（叔永）、沈翼孙（燕谋）等都能作诗；教员中如胡梓方先生、石一参先生等，也都爱提倡诗词。梓方先生即是后来出名的诗人胡诗庐，这时候他教我们的英文，英文教员能做中国诗词，这是当日中国公学的一种特色。还有一位英文教员姚康侯先生，是辜鸿铭先生的学生，也是很讲究中国文学的。辜先生译的《痴汉骑马歌》，其实是姚康侯先生和几位同门修改润色的。姚先生在课堂上常教我们翻译，从英文译汉文，或从汉文译英文。有时候，我们自己从读本里挑出爱读的英文诗，邀几个能诗的同学分头翻译成中国诗，拿去给姚先生和胡先生评改。姚先生常劝我们看辜鸿铭译的《论语》，他说这是翻译的模范。但五六年后，我得读辜先生译的《中庸》，感觉很大的失望。大概当时所谓翻译，都侧重自由的意译，务必要“典雅”，“而不妨变动原文的意义与文字。这种训练也有他的用处，可以使学生时时想到中西文字异同之处，时时想到某一句话应该怎样翻译，才可算“达”与“雅”。我记得我们试译一首英文诗，中有Scarecrow一个字，我们大家想了几天，想不出一个典雅的译法。但是这种功夫，现在回想起来，不算是浪费了的。

我初学做诗，不敢做律诗，因为我不曾学过对对子，觉得那是很难的事。戊申（1908年）以后，我偶然试做一两首五言律诗来送朋友，觉得并不很难，后来我也常常做五七言律诗了。做惯律诗之后，我才明白这种体裁是似难而实易的把戏；不必有内容，不必有情绪，不必有意思，只要会变戏法，会搬运典故，会调音节，会对对子，就可以诌成一首律诗。这种体裁最宜于做没有内容的应酬诗，无论是殿廷上应酬皇帝，或寄宿舍里送别朋友，把头摇几摇，想出了中间两联，凑上一头一尾，就是一首诗了；如果是限韵或和韵的诗，只消从韵脚上去着想，那就更容易了。大概律诗的体裁和步韵的方法所以不能废除，正因为这都是最方便的戏法。我那时读杜甫的五言律诗最多，所以我做的五律颇受他的影响。七言律诗，我觉得没有一首能满意的，所以我做了几首之后就不做了。

现在我把我在那时做的诗抄几首在这里，也算一个时期的纪念：

秋日梦返故居（戊申八月）

秋高风怒号，客子中怀乱。抚枕一太息，悠悠归里闬。入门拜慈母，母方抚孙玩。齐儿见叔来，牙牙似相唤。拜母复入室，诸嫂同炊爨。问答乃未已，举头日已旰。方期长聚首，岂复疑梦幻？年来历世故，遭际多忧患。耿耿苦思家，听人讥斥鷃。（玩字原作弄，是误用方音，前年改玩字。）

军人梦（译Thomas Campbell's A Soldier's Dream）（戊申）

笳声销歇暮云沉，耿耿天河灿列星。战士创痍横满地，倦者酣眠创者逝。枕戈藉草亦蘧然，时见刍人影摇曳。长夜沉沉夜未央，陶然入梦已三次。梦中忽自顾，身已离队伍，秋风拂襟袖，独行殊踽踽。惟见日东出，迎我归乡土。纵横阡陌间，尽是钓游迹，时闻老农刈稻歌，又闻牛羊嗥山脊。归来戚友咸燕集，誓言不复相离别。娇儿数数亲吾额，少妇情深自呜咽。举室争言君已倦，幸得归休免征战。惊回好梦日熹微，梦魂渺渺成虚愿。（刍人原作刍灵，今年改。）

酒醒（己酉）

酒能消万虑，已分醉如泥。烛泪流干后，更声断续时。醒来还苦忆，起坐一沉思。窗外东风峭，星光淡欲垂。

女优陆菊芬演《纺棉花》（己酉）

永夜亲机杼，悠悠念远人。朱弦纤指弄，一曲翠眉颦。满座天涯客，无端旅思新。未应儿女语，争奈不胜春！

秋柳　有序（己酉）

秋日适野，见万木皆有衰意。而柳以弱质，际兹高秋，独能迎风而舞，意态自如。岂老氏所谓能以弱者存耶？感而赋之。

但见萧飕万木摧，尚余垂柳拂人来。

西风莫笑长条弱，也向西风舞一回。

（西风莫笑，原作“凭君漫说”，民国五年改。长条原作“柔条”，十八年改。）

（原载于《新月》第3卷第10号）

我怎样到外国去

01

戊申（1908年）九月间，中国公学闹出了一次大风潮，结果是大多数学生退学出来，另组织一个中国新公学。这一次风潮为的是一个宪法的问题。

中国公学在最初的时代，纯然是一个共和国家，评议部为最高立法机关，执行部的干事即由公选产生出来。不幸这种共和制度实行了九个月（丙午二月至十一月），就修改了。修改的原因，约有几种：一是因为发起的留日学生逐渐减少，而新招来的学生逐渐加多，已不是当初发起时学生与办事人完全不分界限的情形了；二是因为社会和政府对于这种共和制度都很疑忌；三是因为公学既无校舍，又无基金，有请求官款补助的必要，所以不能不避免外界对于公学内部的疑忌。

为了这种种原因，公学的办事人就在丙午（1906年）年的冬天，请了郑孝胥、张謇、熊希龄等几十人作中国公学的董事，修改章程，于是学生主体的制度，就变成了董事会主体的制度。董事会根据新章程，公举郑孝胥为监督。一年后，郑孝胥辞职，董事会又举夏敬观为监督。这两位都是有名的诗人，他们都不常到学校，所以我们也不大觉得监督制的可畏。

可是在董事会与监督之下，公学的干事就不能由同学公选了。评议部是新章所没有的。选举的干事改为学校聘任的教务长，庶务长，斋务长了。这几位办事人，外面要四出募捐，里面要担负维持学校的责任，自然感觉他们的地位有稳定的必要。况且前面已说过，校章的修改也不是完全没有理由的。但我们少年人可不能那样想。中国公学的校章上明明载着“非经全体三分之二承认，不得修改”。这是我们的宪法上载着的唯一的修正方法。三位干事私自修改校章，是非法的。评议部的取消也是非法的。这里面也还有个人的问题。当家日子久了，总难免“猫狗皆嫌”，何况同学之中有许多本是干事诸君的旧日同辈的朋友呢！在学校上课的同学自然在学业上日日有长进，而干事诸君办事久了，学问上没有进境，却当着教务长一类的学术任务，自然有时难免受旧同学的轻视。法的问题和这种人的问题混合在一块，风潮就不容易避免了。

代议制的评议部取消之后，全体同学就组织了一个“校友会”，其实就等于今日各校的学生会。校友会曾和三干事争了几个月，干事答应了校章可由全体学生修改。又费了几个月的时间，校友会把许多修正案整理成一个草案，又开了几次会，才议定了一本校章。一年多的争执，经过了多少度的磋商，新监督夏先生与干事诸君均不肯承认这新改的校章。

到了戊申（1908年）九月初三日，校友会开大会报告校章交涉的经过，会尚未散，监督忽出布告，完全否认学生有订改校章之权，这竟是完全取消干事承认全体修改校章的布告了。接着又出了两道布告，一道说“集会演说，学堂悬为严禁……校友会以后不准再行开会”。一道说学生代表朱经、朱绂华“倡首煽众，私发传单，侮辱职员，要挟发布所自改印章程，屡诫不悛，纯用意气，实属有意破坏公学。照章应即斥退，限一日内搬移出校”。

初四日，全体学生签名停课，在操场上开大会。下午干事会又出布告，开除学生罗君毅、周烈忠、文之孝等七人，并且说：“如仍附从停课，即当将停课学生全行解散，另行组织。”初五日，教员出来调停，想请董事会出来挽救。但董事会不肯开会。初七日学生大会遂决议筹备万一学校解散后的办法。

初八日董事陈三立先生出来调停，但全校人心已到了很激昂的程度，不容易挽回了。初九日，校中布告：“今定于星期日暂停膳食，所有被胁诸生可先行退出校外，暂住数日。准于今日午后一时起，在环球中国学生会发给旅膳费。俟本公学将此案办结后，再行布告来校上课。”

这样的压迫手段激起了校中绝大多数同学的公愤。他们决定退学，遂推举干事筹备另创新校的事。退学的那一天，秋雨淋漓，大家冒雨搬到爱而近路庆祥里新租的校舍里。厨房虽然寻来了一家，饭厅上桌凳都不够，碗碟也不够。大家都知道这是我们自己创立的学校，所以不但不叫苦，还要各自掏腰包，捐出钱来作学校的开办费。有些学生把绸衣、金表，都拿去当了钱来捐给学堂做开办费。

十天之内，新学校筹备完成了，居然聘教员，排功课，正式开课了。校名定为“中国新公学”，学生有一百六七十人。在这风潮之中，最初的一年因为我是新学生，又因为我告了长时期的病假，所以没有参与同学和干事的争执；到了风潮正激烈的时期，我被举为大会书记，许多记录和宣言都是我做的；虽然不在被开除之列，也在退学之中。朱经、李琴鹤、罗君毅被举做干事。有许多旧教员都肯来担任教课。学校虽然得着社会上一部分人的同情，捐款究竟很少，经费很感觉困难。李琴鹤君担任教务干事，有一天他邀我到他房里谈话，他要我担任低年级各班的英文，每星期教课三十点钟，月薪八十元；但他声明，自家同学作教员，薪俸是不能全领的，总得欠着一部分。

我这时候还不满十七岁，虽然换了三个学堂，始终没有得着一张毕业证书。我若继续上课，明年可以毕业了。但我那时确有不能继续求学的情形。我家本没有钱。父亲死后，只剩下几千两的存款，存在同乡店家生息，一家人全靠这一点出息过日子。后来存款的店家倒帐了，分摊起来，我家分得一点小店业。我的二哥是个有干才的人，他往来汉口上海两处，把这点小店业变来变去，又靠他的同学朋友把他们的积蓄寄存在他的店里，所以他能在几年之中合伙撑起一个规模较大的瑞兴泰茶叶店。但近几年之中，他的性情变了，一个拘谨的人变成了放浪的人；他的费用变大了，精力又不能贯注到店事，店中所托的人又不很可靠，所以店业一年不如一年。后来我家的亏空太大了，上海的店业不能不让给债权人。当戊申的下半年，我家只剩汉口一所无利可图的酒栈（两仪栈）了。这几个月以来，我没有钱住宿舍，就寄居在《竞业旬报》社里（也在庆祥里）。从七月起，我担任《旬报》的编辑，每出一期报，社中送我十块钱的编辑费。住宿和饭食都归社中担负。我家中还有母亲，眼前就得要我寄钱赡养了。母亲也知道家中破产就在眼前，所以寄信来要我今年回家去把婚事办了。我斩钉截铁地阻止了这件事，名义上是说求学要紧，其实是我知道家中没有余钱给我办婚事，我也没有钱养家。

正在这个时候，李琴鹤君来劝我在新公学作教员。我想了一会，就答应了。从此以后，我每天教六点钟的英文，还要改作文卷子。十七八岁的少年人，精力正强，所以还能够勉强支持下去，直教到第二年（1909年）冬天中国新公学解散时为止。

以学问论，我那时怎配教英文？但我是个肯负责任的人，肯下苦功去预备功课，所以这一年之中还不曾有受窘的时候。我教的两班后来居然出了几个有名的人物：毓泰（树人）、杨铨（杏佛）、严庄（敬齐），都做过我的英文学生。后来我还在校外收了几个英文学生，其中有一个就是张奚若。可惜他们后来都不是专习英国文学；不然，我可真“抖”了！

《竞业旬报》停刊之后，我搬进新公学去住。这一年的教书生活虽然很苦，于我自己却有很大的益处。我在中国公学两年，受姚康侯和王云五两先生的影响很大，他们都最注重文法上的分析，所以我那时虽不大能说英国话，却喜欢分析文法的结构，尤其喜欢拿中国文法来做比较。现在做了英文教师，我更不能不把字字句句的文字弄得清楚。所以这一年之中，我虽没有多读英国文学书，却在文法方面得着很好的练习。

中国新公学在最困苦的情形之下支持了一年多，这段历史是很悲壮的。那时候的学堂多不讲究图书仪器的设备，只求做到教员好，功课紧，管理严，就算好学堂了。新公学的同学因为要争一口气，所以成绩很好，管理也不算坏。但经费实在太穷，教员只能拿一部分的薪俸，干事处常常受收房捐和收巡捕捐的人的恶气；往往因为学校不能付房捐与巡捕捐，同学们大家凑出钱来，借给干事处。有一次干事朱经农君（即朱经）感觉学校经费困难已到了绝地，他忧愁过度，神经错乱，出门乱走，走到了徐家汇的一条小河边，跳下河去，幸遇人救起，不曾丧命。

这时候，中国公学的吴淞新校舍已开始建筑了，但学生很少。内地来的学生，到了上海，知道了两个中国公学的争持，大都表同情于新公学，所以新公学的学生总比老公学多。例如张奚若（原名耘）等一些陕西学生，到了上海，赶不上招考时期，他们宁可在新公学附近租屋补习，却不肯去老公学报名。所以“中国新公学”的招牌一天不去，“中国公学”是一天不得安稳发展的。老公学的职员万不料我们能支持这么久。他们也知道我们派出去各省募捐的代表，如朱绂华、朱经农、薛传斌等，都有有力的介绍，也许有大规模的官款补助的可能。新公学募捐若成功，这个对峙的局面更不容易打消了。

老公学的三干事之中，张邦杰（俊生）先生当风潮起时在外省募捐未归；他回校后极力主张调停，收回退学的学生。不幸张先生因建筑吴淞校舍，积劳成疾，不及见两校的合并就死了。新公学董事长李平书先生因新校经济不易维持，也赞成调停合并。调停的条件大致是：凡新公学的学生愿意回去的，都可回去；新公学的功课成绩全部承认；新公学所有亏欠的债务，一律由老公学担负清偿。新公学一年之中亏欠已在一万元以上，捐款究竟只是种不能救急的希望；职员都是少年人，牺牲了自己的学业来办学堂，究竟不能持久。所以到了己酉（1909年）十月，新公学接受了调停的条件，决议解散：愿回旧校者，自由回去。我有题新校合影的五律二首，七律一首，可以纪念我们在那时候的感情，所以我抄在这里：

十月题新校合影，时公学将解散

无奈秋风起，艰难又一年。
颠危俱有责，成败岂由天？
黯黯愁兹别，悠悠祝汝贤。
不堪回首处，沧海已桑田。
此地一为别，依依无限情。
凄凉看日落，萧瑟听风鸣。
应有天涯感，无忘城下盟！
相携入图画，万虑苦相萦。

十月再题新校教员合影

也知胡越同舟谊，无奈惊涛动地来。
江上飞鸟犹绕树，尊前残烛已成灰。
昙花幻相空余恨，鸿爪遗痕亦可哀。
莫笑劳劳作刍狗，且论臭味到岑苔。

这都算不得诗，但“应有天涯感，无忘城下盟”两句确是当时的心理。合并之后，有许多同学都不肯回老公学去，也是为此。这一年的经验，为一个理想而奋斗，为一个团体而牺牲，为共同生命而合作，这些都在我们一百六十多人的精神上留下磨不去的影子。二十年来，无人写这一段历史，所以我写这几千字，给我的一班老同学留一点“鸿爪遗痕”。

少年人的理想主义受打击之后，反动往往是很激烈的。在戊申己酉（1908—1909）两年之中，我的家事败坏到不可收拾的地步。己酉年，大哥和二哥回家，主张分析家产；我写信回家，说我现在已能自立了，不要家中的产业。其实家中本没有什么产业可分，分开时，兄弟们每人不过得着几亩田，半所屋而已。那一年之中，我母亲最心爱的一个妹子和一个弟弟先后死了，她自己也病倒了。我在新公学解散之后，得了两三百元的欠薪，前途茫茫，毫无把握，哪敢回家去？只好寄居在上海，想寻一件可以吃饭养家的事。在那个忧愁烦闷的时候，又遇着一班浪漫的朋友，我就跟着他们堕落了。

［注］这一段是去年（1931年）夏间写的，写成之后，我恐怕我的记载有不正确或不公平的地方，所以把原稿送给王敬芳先生（抟沙），请他批评修改。他是我们攻击的干事之一，是当日风潮的一个主要目标。但事隔二十多年，我们都可以用比较客观的眼光来回看当年的旧事了。他看了之后，写了一封几千字的长信给我，承认我的话“说得非常心平气和，且设身处地地委曲体谅，令我极端佩服”，又指出一些与当日事实不符的地方。他指出的错误，我都改正了。所以这一段小史，虽是二十多年后追记的，应该没有多大的错误。我感谢王先生的修正，并且盼望我的老同学朱经农、罗君毅诸先生也给我同样的修正。

王先生在他的长信里说了几句很感慨的话，我认为很值得附录在此。他说：“我是当初反对取缔规则最力的人，但是今日要问我取缔规则到底对于中国学生有多大害处，我实在答应不出来。你是当时反对公学最力的人，看你这篇文章，今昔观察也就不同得多了。我想青年人往往因感情的冲动，理智便压抑了。中国学校的风潮，大多数是由于这种原因。学校中少一分风潮，便多一分成就。盼望你注意矫正这种流弊。”

我是赞成这话的，但是我要补充一句：学校的风潮不完全由于青年人的理智被感情压抑了，其中往往是因为中年人和青年人同样失去了运用理智的能力。专责备青年人是不公允的。中国公学最近几次的风潮都是好例子。

二十一，九，二十七

02

中国新公学有一个德国教员，名叫何德梅（Ottomeir），他的父亲是德国人，母亲是中国人，他能说广东话、上海话、官话。什么中国人的玩意儿，他全会。我从新公学出来，就搬在他隔壁的一所房子里住，这两所房子是通的，他住东屋，我和几个四川朋友住西屋。和我同住的人，有林君墨（恕）、但怒刚（懋辛）诸位先生；离我们不远，住着唐桂梁（蟒）先生，是唐才常的儿子。这些人都是日本留学生，都有革命党的关系；在那个时候各地的革命都失败了，党人死的不少，这些人都很不高兴，都很牢骚。何德梅常邀这班人打麻将，我不久也学会了。我们打牌不赌钱，谁赢谁请吃雅叙园。我们这一班人都能喝酒，每人面前摆一大壶，自斟自饮。从打牌到喝酒，从喝酒又到叫局，从叫局到吃花酒，不到两个月，我都学会了。

幸而我们都没有钱，所以都只能玩一点穷开心的玩意儿：赌博到吃馆子为止，逛窑子到吃“镶边”的花酒或打一场合股份的牌为止。有时候，我们也同去看戏。林君墨和唐桂梁请了一位小喜禄来教我们唱戏，同学之中有欧阳予倩，后来成了中国戏剧界的名人。我最不行，一句也学不会，不上两天我就不学了。此外，我还有一班小朋友，同乡有许怡荪、程乐亭、章希吕诸人，旧同学有郑仲诚、张蜀川、郑铁如诸人。怡荪见我随着一班朋友发牢骚，学堕落，他常常规劝我。但他在吴淞复旦公学上课，是不常来的，而这一班玩的朋友是天天见面的，所以我那几个月之中真是在昏天黑地里胡混，有时候，整夜的打牌；有时候，连日的大醉。

有一个晚上，闹出乱子来了。那一晚我们在一家“堂子”里吃酒，喝得不少了，出来又到一家去“打茶围”。那晚上雨下得很大，下了几点钟还不止。君墨桂梁留我打牌，我因为明天要教书（那时我在华童公学教小学生的国文），所以独自雇人力车走了。他们看我能谈话，能在一叠“局票”上写诗词，都以为我没有喝醉，也就让我一个人走了。

其实我那时已大醉了，谈话写字都只是我的“下意识”的作用，我全不记忆。出门上车以后，我就睡着了。

直到第二天天明时，我才醒来，眼睛还没有睁开，就觉得自己不是睡在床上，是睡在硬的地板上！我疑心昨夜喝醉了，睡在家中的楼板上，就喊了一声“老彭”！——老彭是我雇的一个湖南仆人，喊了两声，没有人答应，我已坐起来了，眼也睁开了。

奇怪得很！我睡在一间黑暗的小房里，只有前面有亮光，望出去好像没有门。我仔细一看，口外不远还好像有一排铁栅栏。我定神一听，听见栏杆外有皮鞋走路的声响。一会儿，狄托狄托的走过来了，原来是一个中国巡捕走过去。

我有点明白了，这大概是巡捕房，只不知道我怎样到了这儿来的。我想起来问一声，这时候才觉得我一只脚上没有鞋，又觉得我身上的衣服都是湿透了的。我摸来摸去，摸不着那一只皮鞋；只好光着一只袜子站起来，扶着墙壁走出去，隔着栅栏招呼那巡捕，问他这是什么地方。

他说："这是巡捕房。"

"我怎么会进来的？"

他说："你昨夜喝醉了酒，打伤了巡捕，半夜后进来的。"

"什么时候我可以出去？"

"天刚亮一会，早呢！八点钟有人来，你就知道了。"

我在亮光之下，才看见我的旧皮袍不但是全湿透了，衣服上还有许多污泥。我觉得脸上有点疼，用手一摸，才知道脸上也有污泥，并且有破皮的疤痕。难道我真同人打了架吗？

这是一个春天的早晨，一会儿就是八点钟了。果然有人来叫我出去。

在一张写字桌边，一个巡捕头坐着，一个浑身泥污的巡捕立着回话，那巡捕头问：

"就是这个人？"

"就是他。"

“你说下去。”

那浑身泥污的巡捕说：

“昨夜快十二点钟时候，我在海宁路上班，雨下得正大，忽然（他指着我）他走来了，手里拿着一只皮鞋敲着墙头，狄托狄托的响。我拿巡捕灯一照，他开口就骂。”

“骂什么？”

“他骂‘外国奴才’！我看他喝醉了，怕他闯祸，要带他到巡捕房里来。他就用皮鞋打我，我手里有灯，抓不住他，被他打了好几下。后来我抱住他，抢了他的鞋子，他就和我打起来了。两个人抱住不放，滚在地上。下了一夜大雨，马路上都是水，两个人在泥水里打滚。我的灯也打碎了，身上脸上都被他打了。他脸上的伤是在石头上擦破了皮。我吹了叫子，唤住了一部空马车，两个马夫帮我捉住他，关在马车里，才能把他送进来。我的衣服是烘干了，但是衣服上的泥都不敢弄掉，这都是在马路当中滚的。”

我看他脸上果然有伤痕，但也像是擦破了皮，不像是皮鞋打的。他解开上身，也看不出什么伤痕。

巡捕头问我，我告诉了我的真姓名和职业，他听说我是在华童公学教书，自然不愿得罪我。他说，还得上堂问一问，大概要罚几块钱。

他把桌子上放着的一只皮鞋和一条腰带还给我。我穿上了鞋子，才想起我本来穿有一件缎子马褂。我问他要马褂，他问那泥污的巡捕，他回说：“昨夜他就没有马褂。”

我心里明白了。

我住在海宁路的南林里，那一带在大雨的半夜里是很冷静的。我上了车就睡着了。车夫到了南林里附近，一定是问我到南林里第几弄。我大概睡得很熟，不能回答了。车夫叫我不醒，也许推我不醒，他就起了坏心思，把我身上的钱摸去了，又把我的马褂剥去了。帽子也许是他拿去了的，也许是丢了的。他大概还要剥我的皮袍，不想这时候我的“下意识”醒过来了，就和他抵抗。那一带是没有巡捕的，车夫大概是拉了车子跑了，我大概追他不上，自己也走了。皮鞋是跳舞鞋式的，没有鞋带，所以容易掉下来；也许是我跳下车来的时候就掉下来了，也许我拾起了一只鞋子来追赶那车夫。车夫走远了，我赤着一只脚在雨地里自然追不上。我慢慢地依着“下意识”走回去。醉人往往爱装面子，所以我丢了东西反唱起歌来了，——也许唱歌是那个巡捕的胡说，因为我的意识生活是不会唱歌的。

这是我自己用想象来补充的一段，是没有法子证实的了。但我想到在车上熟睡的一段，不禁有点不寒而栗，身上的水湿和脸上的微伤哪能比那时刻的生命危险呢？

巡捕头许我写一封短信叫人送到我的家中。那时候郑铁如（现在的香港中国银行行长）住在我家中，我信上托他带点钱来准备罚款。

上午开堂问事的时候，几分钟就完了，我被罚了五元，做那个巡捕的养伤费和赔灯费。

我到了家中，解开皮袍，里面的棉袄也湿透了，一解开来，里面热气蒸腾：湿衣裹在身上睡了一夜，全蒸热了！我照镜子，见脸上的伤都只是皮肤上的微伤，不要紧的。可是一夜的湿气倒是可怕。

同住的有一位四川医生，姓徐，医道颇好。我请他用猛药给我解除湿气。他下了很重的泻药，泄了几天；可是后来我手指上和手腕上还发出了四处的肿毒。

那天我在镜子里看见我脸上的伤痕，和浑身的泥湿，我忍不住叹一口气，想起“天生我材必有用”的诗句，心里百分懊悔，觉得对不住我的慈母——我那在家乡时时刻刻悬念着我，期望着我的慈母！我没有掉一滴眼泪，但是我已经过了一次精神上的大转机。

我当日在床上就写信去辞了华童公学的职务，因为我觉得我的行为玷辱了那个学校的名誉。况且我已决心不做那教书的事了。

那一年（庚戌，1910年）是考试留美赔款官费的第二年。听说，考试取了备取的还有留在清华学校的希望。我决定关起门来预备去应考试。

许怡荪来看我，也力劝我摆脱一切去考留美官费。我所虑的有几点：一是要筹养母之费，二是要还一点小债务，三是要筹两个月的费用和北上的旅费。怡荪答应替我去设法。后来除他自己之外，帮助我的有程乐亭的父亲松堂先生，和我的族叔祖节甫先生。

我闭户读了两个月的书，就和二哥绍之一同北上。到了北京，蒙二哥的好朋友杨景苏先生（志洵）的厚待，介绍我住在新在建筑中的女子师范学校（后来的女师大）校舍里，所以费用极省。在北京一个月，我不曾看过一次戏。

杨先生指点我读旧书，要我从《十三经注疏》用功起。我读汉儒的经学，是从这个时候起的。留美考试分两场，第一场考国文英文，及格者才许考第二场的各种科学。国文试题为“不以规矩不能成方圆说”，我想这个题目不容易发挥，又因我平日喜欢看杂书，就做了一篇乱谈考据的短文，开卷就说：

矩之作也，不可考矣。规之作也，其在周之末世乎？

下文我说《周髀算经》作圆之法足证其时尚不知道用规作圆；又孔子说“不逾矩”，而不并举规矩，至墨子、孟子始以规矩并用，足证规之晚出。这完全是一时异想天开的考据，不料那时看卷子的先生也有考据癖，大赏识这篇短文，批了一百分。英文考了六十分，头场平均八十分，取了第十名。第二场考的各种科学，如西洋史，如动物学，如物理学，都是我临时抱佛脚预备起来的，所以考得很不得意。幸亏头场的分数占了大便宜，所以第二场我还考了个第五十五名。取送出洋的共七十名，我很挨近榜尾了。

南下的旅费是杨景苏先生借的。到了上海，节甫叔祖许我每年遇必要时可以垫钱寄给我的母亲供家用。怡荪也答应帮助。没有这些好人的帮忙，我是不能北去，也不能放心出国的。

我在学校里用胡洪骍的名字；这回北上应考，我怕考不取为朋友学生所笑，所以临时改用胡适的名字。从此以后，我就叫胡适了。

二十一，九，二十七夜

（原载于1932年11月10日《新月》第4卷第4号）

逼上梁山——文学革命的开始

01

提起我们当时讨论“文学革命”的起因，我不能不想到那时清华学生监督处的一个怪人。这个人叫做钟文鳌，他是一个基督教徒，受了传教士和青年会的很大的影响。他在华盛顿的清华学生监督处做书记，他的职务是每月寄发各地学生应得的月费。他想利用他发支票的机会来做一点社会改革的宣传。他印了一些宣传品，和每月的支票夹在一个信封里寄给我们。他的小传单有种种花样，大致是这样的口气：

不满二十五岁不娶妻。

废除汉字，取用字母。

多种树，种树有益。

支票是我们每月渴望的，可是钟文鳌先生的小传单未必都受我们的欢迎。我们拆开信，把支票抽出来，就把这个好人的传单抛在字纸篓里去。

可是，钟先生的热心真可厌！他不管你看不看，每月总照样夹带一两张小传单给你。我们平时厌恶这种青年会宣传方法的，总觉得他这样滥用职权是不应该的。有一天，我又接到了他的一张传单，说中国应该改用字母拼音；说欲求教育普及，非有字母不可。我一时动了气，就写了一封短信去骂他，信上的大意是说："你们这种不通汉文的人，不配谈改良中国文字的问题。你要谈论这个问题，必须先费几年功夫，把汉文弄通了，那时你才有资格谈汉字是不是应该废除。"

这封信寄出去之后，我就有点懊悔了。等了几天，钟文鳌先生没有回信来，我更觉得我不应该这样"盛气凌人"。我想，这个问题不是一骂就可完事的。我既然说钟先生不够资格讨论此事，我们够资格的人就应该用点心思才力去研究这个问题。不然，我们就应该受钟先生的训斥了。

那一年恰好东美的中国学生会新成立了一个"文学科学研究部"（Institute of Arts and Sciences），我是文学股的委员，负有准备年会时分股讨论的责任。我就同赵元任先生商量，把"中国文字的问题"作为本年文学股的论题，由他和我两个人分做两篇论文，讨论这个问题的两个方面：赵君专论《吾国文字能否采用字母制，及其进行方法》；我的题目是《如何可使我国文言易于教授》。赵君后来觉得一篇不够，连做了几篇长文，说吾国文字可以采用音标拼音，并且详述赞成与反对的理由。他后来是"国语罗马字"的主要制作人；这几篇主张中国拼音文字的论文是国语罗马字的历史的一种重要史料。

我的论文是一种过渡时代的补救办法。我的日记里记此文大旨如下：

1.汉文问题之中心在于“汉文究可为传授教育之利器否”一问题。

2.汉文所以不易普及者，其故不在汉文，而在教之之术之不完。同一文字也，甲以讲书之故而通文，能读书作文；乙以徒事诵读不求讲解之故而终身不能读书作文。可知受病之源在于教法。

3.旧法之弊，盖有四端：

（1）汉文乃是半死之文字，不当以教活文字之法教之（活文字者，日用语言之文字，如英、法文是也，如吾国之白话是也。死文字者，如希腊、拉丁、非日用之语言，已陈死矣。半死文字者，以其中尚有日用之分子在也。如犬字是已死之字，狗字是活字；乘马是死语，骑马是活语。故曰半死之文字也）。旧法不明此义，以为徒事朗诵，可得字义，此其受病之源。教死文字之法，与教外国文字略相似，须用翻译之法，译死语为活语，所谓“讲书”是也。

（2）汉文乃是视官的文字，非听官的文字。凡一字有二要，一为其声，一为其义：无论何种文字，皆不能同时并达此二者。字母的文字但能传声，不能达意，象形会意之文字，但可达意而不能传声。今之汉文已失象形会意指事之特长；而教者又不复知说文学。其结果遂令吾国文字既不能传声，又不能达意。向之有一短者，今乃并失其所长。学者不独须强记字音，又须强记字义，是事倍而功半也。欲救此弊，当鼓励字源学，当以古体与今体同列教科书中；小学教科当先令童蒙习象形指事之字，次及浅易之会意字，次及浅易之形声字。中学以上皆当习字源学。

（3）吾国文本有文法。文法乃教文字语言之捷径，今当鼓励文法学，列为必须之学科。

（4）吾国向不用文字符号，致文字不易普及；而文法之不讲，亦未始不由于此，今当力求采用一种规定之符号，以求文法之明显易解，及意义之确定不易。（以上引一九一五年八月二十六日）。

我是不反对字母拼音的中国文字的；但我的历史训练（也许是一种保守性）使我感觉字母的文字不是容易实行的，而我那时还没有想到白话可以完全替代文言，所以我那时想要改良文言的教授方法，使汉文容易教授。我那段日记的前段还说：

当此字母制未成之先，今之文言终不可废置，以其为仅有之各省交通之媒介也，以其为仅有之教育授受之具也。

我提出的四条古文教授法，都是从我早年的经验里得来的。第一条注重讲解古书，是我幼年时最得力的方法。第二条主张字源学是在美国时的一点经验，有一个美国同学跟我学中国文字，我买一部王筠的《文字蒙求》给他做课本觉得颇有功效。第三条讲求文法是我崇拜《马氏文通》的结果，也是我学习英文的经验的教训。第四条讲标点符号的重要也是学外国文得来的教训；我那几年想出了种种标点的符号，一九一五年六月为《科学》作了一篇《论句读及文字符号》的长文，约有一万字，凡规定符号十种，在引论中我讨论没有符号的三大弊：一为意义不能确定，容易误解，二为无以表示文法上的关系，三为教育不能普及。我在日记里自跋云：

吾之有意于句读及符号之学也久矣。此文乃数年来关于此问题之思想结晶而成者，初非一时兴到之作也。后此文中，当用此制。七月二日。

02

以上是一九一五年夏季的事。这时候我已承认白话是活文字，古文是半死的文字。那个夏天，任叔永（鸿隽）、梅觐庄（光迪）、杨杏佛（铨）、唐擘黄（钺）都在绮色佳[1]过夏，我们常常讨论中国文学的问题。从中国文字问题转到中国文学问题，这是一个大转变。这一班人中，最守旧的是梅觐庄，他绝对不承认中国古文是半死或全死的文字。因为他的反驳，我不能不细细想过我自己的立场。他越驳越守旧，我倒渐渐变得更激烈了。我那时常提到中国文学必须经过一场革命；“文学革命”的口号，就是那个夏天我们乱谈出来的。

梅觐庄新从芝加哥附近的西北大学毕业出来，在绮色佳过了夏，要往哈佛大学去。九月十七日，我做了一首长诗送他，诗中有这两段很大胆的宣言：

1　现多译为伊萨卡。——编者注。

梅生梅生毋自鄙！神州文学久枯馁，百年未有健者起。新潮之来不可止；文学革命其时矣！吾辈势不容坐视。且复号召二三子，革命军前杖马箠，鞭笞驱除一车鬼，再拜迎入新世纪！以此报国未云菲：缩地戡天差可儗。梅生梅生毋自鄙！

作歌今送梅生行，狂言人道臣当烹。我自不吐定不快，人言未足为重轻。

在这诗里，我第一次用“文学革命”一个名词。这首诗颇引起了一些小风波。原诗共有四百二十字，全篇用了十一个外国字的译音。任叔永把那诗里的一些外国字连缀起来，做了一首游戏诗送我往纽约：

牛敦爱迭孙，培根客尔文，
索虏与霍桑，“烟士披里纯”：
鞭笞一车鬼，为君生琼英。
文学今革命，作歌送胡生。

诗的末行自然是挖苦我的“文学革命”的狂言。所以我可不能把这诗当作游戏看。我在九月十九日的日记里记了一行：

任叔永戏赠诗，知我乎？罪我乎？

九月二十日，我离开绮色佳，转学到纽约去进哥伦比亚大学，在火车上用叔永的游戏诗的韵脚，写了一首很庄重的答词，寄给绮色佳的各位朋友：

诗国革命何自始？要须作诗如作文。

琢镂粉饰丧元气，貌似未必诗之纯。

小人行文颇大胆，诸公一一皆人英。

愿共僇力莫相笑，我辈不作腐儒生。

在这短诗里，我特别提出了“诗国革命”的问题，并且提出了一个“要须作诗如作文”的方案，从这个方案上，惹出了后来做白话诗的尝试。

我认定了中国诗史上的趋势，由唐诗变到宋词，无甚玄妙，只是作诗更近于作文！更近于说话。近世诗人欢喜做宋诗，其实他们不曾明白宋诗的长处在哪儿。宋朝的大诗人的绝大贡献，只在打破了六朝以来的声律的束缚，努力造成一种近于说话的诗体。我那时的主张颇受了读宋词的影响，所以说“要须作诗如作文”，又反对“琢镂粉饰”的诗。

那时我初到纽约，觐庄初到康桥，各人都很忙，没有打笔墨官司的余暇。但这只是暂时的停战，偶一接触，又爆发了。

03

一九一六年，我们的争辩最激烈，也最有效果。争辩的起点，仍旧是我的“要须作诗如作文”的一句诗。梅觐庄曾驳我道：

足下谓诗国革命始于“作诗如作文”，迪颇不以为然。诗文截然两途。诗之文字（Poetic diction）与文之文字（Prose diction）自有诗文以来（无论中西），已分道而驰。足下为诗界革命家，改良“诗之文字”则可。若仅移“文之文字”于诗，即谓之革命，则诗界革命不成问题矣。以其太易易也。

任叔永也来信，说他赞成觐庄的主张。我觉得自己很孤立，但我终觉得他们两人的说法都不能使我心服。我不信诗与文是完全截然两途的。我答他们的信，说我的主张并不仅仅是以“文之文字”入诗。我的大意是：

今日文学大病在于徒有形式而无精神，徒有文而无质，徒有铿锵之韵，貌似之辞而已。今欲救此文胜之弊，宜从三事入手：第一须言之有物，第二须讲文法，第三，当用“文之文字”时，不可避之。三者皆以质救文胜之敝也。（二月三日）

我自己日记里记着：

吾所持论，固不徒以“文之文字”入诗而已。然不避“文之文字”，自是吾论诗之一法。……古诗如白香山之《道州民》，如老杜之《自京赴奉先咏怀》，如黄山谷之《题莲华寺》，何一非用“文之文字”，又何一非用“诗之文字”耶？（三月三日）

这时候，我已仿佛认识了中国文学问题的性质。我认清了这问题在于“有文而无质”。怎么才可以救这“文胜质”的毛病呢？我那时的答案还没有敢想到白话上去，我只敢说“不避文的文字”而已。但这样胆小的提议，我的一班朋友都还不能了解。梅觐庄的固执“诗的文字”与“文的文字”的区别，自不必说。任叔永也不能完全了解我的意思。他有信来说：

……要之，无论诗文，皆当有质。有文无质，则成吾国近世萎靡腐朽之文学，吾人正当廓而清之。然使以文学革命自命者，乃言之无文，欲其行远，得乎？近来颇思吾国文学不振，其最大原因，乃在文人无学。救之之法，当从绩学入手。徒于文字形式上讨论，无当也。（二月十日）

这种说法，何尝不是？但他们都不明白“文字形式”往往是可以妨碍束缚文学的本质的。“旧皮囊装不得新酒”，是西方的老话。我们也有“工欲善其事，必先利其器”的古话。文字形式是文学的工具；工具不适用，如何能达意表情？

从二月到三月，我的思想上起了一个根本的新觉悟。我曾彻底想过：一部中国文学史只是一部文字形式（工具）新陈代谢的历史，只是“活文学”随时起来替代了“死文学”的历史。文学的生命全靠能用一个时代的活的工具，来表现一个时代的情感与思想。工具僵化了，必须另换新的，活的，这就是“文学革命”。例如《水浒传》上石秀说的：

你这与奴才做奴才的奴才！

我们若把这句话改作古文，“汝奴之奴！”或他种译法，总不能有原文的力量。这岂不是因为死的文字不能表现活的话语？此种例证，何止千百？所以我们可以说：历史上的“文学革命”全是文学工具的革命。叔永诸人全不知道工具的重要，所以说“徒于文字形式上讨论，无当也”。他们忘了欧洲近代文学史的大教训！若没有各国的活语言作新工具，若近代欧洲文人都还须用那已死的拉丁文作工具，欧洲近代文学的勃兴是可能的吗？欧洲各国的文学革命只是文学工具的革命。中国文学史上几番革命也都是文学工具的革命。这是我的新觉悟。

我到此时才把中国文学史看明白了，才认清了中国俗话文学（从宋儒的白话语录到元朝明朝的白话戏曲和白话小说）是中国的正统文学，是代表中国文学革命自然发展的趋势的。我到此时才敢正式承认中国今日需要的文学革命是用白话替代古文的革命，是用活的工具替代死的工具的革命。

一九一六年三月间，我曾写信给梅觐庄，略说我的新见解，指出宋元的白话文学的重要价值。觐庄究竟是研究过西洋文学史的人，他回信居然很赞成我的意见。他说：

来书论宋元文学，甚启聋聩。文学革命自当从“民间文学”（Folklore，Popular poetry，Spoken language etc.）入手，此无待言。惟非经一番大战争不可。骤言俚俗文学，必为旧派文家所讪笑攻击。但我辈正欢迎其讪笑攻击耳。（三月十九日）

这封信真叫我高兴，梅觐庄也成了“我辈”了！

我在四月五日把我的见解写出来，作为两段很长的日记。第一段说：

文学革命，在吾国史上，非创见也。即以韵文而论：三百篇变而为骚，一大革命也。又变为五言七言之诗，二大革命也。赋之变为无韵之骈文，三大革命也。古诗之变为律诗，四大革命也。诗之变为词，五大革命也。词之变为曲，为剧本，六大革命也。何独于吾所持文学革命论而疑之！

第二段论散文的革命：

文亦几遭革命矣。孔子至于秦汉，中国文体始臻完备。……六朝之文亦有绝妙之作。然其时骈俪之体大盛，文以工巧雕琢见长，文法遂衰。韩退之之“文起八代之衰”，其功在于恢复散文，讲求文法，此亦一革命也。唐代文学革命家，不仅韩氏一人；初唐之小说家皆革命功臣也。“古文”一派，至今为散文正宗，然宋人谈哲理者，似悟古文之不适于用，于是语录体兴焉。语录体者，以俚语说理记事。……此亦一大革命也。……至元人之小说，此体始臻极盛。……总之，文学革命至元代而登峰造极。其时词也，曲也，剧本也，小说也，皆第一流之文学，而皆以俚语为之。其时吾国真可谓有一种“活文学”出世。倘此革命潮流（革命潮流即天演进化之迹。自其异者言之，谓之革命。自其循序渐进之迹言之，即谓之进化，可也）不遭明代八股之劫，不受诸文人复古之劫，则吾国之文学必已为俚语的文学，而吾国之语言早成为言文一致之语言，可无疑也。但丁之创意大利文，郤叟之创英吉利文，马丁·路得之创德意志文，未足独有千古矣。惜乎，五百余年来，半死之古文，半死之诗词，复夺此“活文学”之地位，而“半死文学”遂苟延残喘以至于今日。今日之文学，独我佛山人，南亭亭长，洪都百炼生诸公之小说可称“活文学”耳。文学革命何可更缓耶！何可更缓耶！（四月五日夜记）

从此以后，我觉得我已从中国文学演变的历史上，寻得了中国文学问题的解决方案，所以我更自信这条路是不错的。过了几天，我作了一首《沁园春》词，写我那时的情绪：

沁园春　誓诗

更不伤春，更不悲秋，以此誓诗。
任花开也好，花飞也好，月圆固好，日落何悲？
我闻之曰，“从天而颂，孰与制天而用之？”
更安用，为苍天歌哭，作彼奴为！
文学革命何疑！且准备搴旗作健儿。
要前空千古，下开百世，收他臭腐，还我神奇。
为大中华，造新文学，此业吾曹欲让谁？
诗材料，有簇新世界，供我驱驰。

（四月十三日）

这首词下半阕的口气是很狂的，我自己觉得有点不安，所以修改了好多次。到了第三次修改，我把“为大中华，造新文学，此业吾曹欲让谁”的狂言，全删掉了，下半阕就改成了这个样子：

……文章要有神思，
到琢句雕词意已卑。
定不师秦七，不师黄九，但求似我，何效人为！
语必由衷，言须有物，此意寻常当告谁！
从今后，傥傍人门户，不是男儿！

这次改本后，我自跋云：

吾国文学大病有三：一曰无病而呻，……二曰摹仿古人，……三曰言之无物……顷所作词，专攻此三弊，岂徒责人，亦以自誓耳。（四月十七日）

前答觐庄书，我提出三事：言之有物，讲文法，不避“文的文学”；此跋提出的三弊，除“言之无物”与前第一事相同，余二事是添出的。后来我主张的文学改良的八件，此时已有五件了。

04

一九一六年六月中，我往克利佛兰赴“第二次国际关系讨论会”，去时来时都经过绮色佳，去时在那边住了八天，常常和任叔永，唐擘黄，杨杏佛诸君谈论改良中国文学的方法，这时候我已有了具体的方案，就是用白话作文，作诗，作戏曲。日记里记我谈话的大意有九点：

1.今日之文言乃是一种半死的文字。

2.今日之白话是一种活的语言。

3.白话并不鄙俗，俗儒乃谓之俗耳。

4.白话不但不鄙俗，而且甚优美适用。

凡言要以达意为主，其不能达意者，则为不美。如说，“赵老头回过身来，爬在街上，扑通扑通的磕了三个头”，若译作文言，更有何趣味?

5.凡文言之所长，白话皆有之。而白话之所长，则文言未必能及之。

6.白语并非文言之退化，乃是文言之进化，其进化之迹，略如下述：

（1）从单音的进而为复音的。

（2）从不自然的文法进而为自然的文法。

例如“舜何人也”变为“舜是什么人”；“己所不欲”变为“自己不要的”。

（3）文法由繁趋简。例如代名词的一致。

（4）文言之所无，白话皆有以补充。例如文言只能说“此乃吾儿之书”，但不能说“这书是我儿子的”。

7.白话可以产生第一流文学。白话已产生小说，戏剧，语录，诗词，此四者皆有史事可证。

8.白话的文学为中国千年来仅有之文学。其非白话的文学，如古文，如八股，如笔记小说，皆不足与于第一流文学之列。

9.文言的文字可读而听不懂；白话的文字既可读，又听得懂。凡演说、讲学、笔记、文言决不能应用。今日所需，乃是一种可读、可听、可歌、可讲、可记的言语。要读书不须口译，演说不须笔译；要施诸讲坛舞台而皆可，诵之村妪妇孺皆可懂。不如此者，非活的言语也，决不能成为吾国之国语也，决不能产生第一流的文学也。（七月六日追记）

七月二日，我回纽约时，重过绮色佳，遇见梅觐庄，我们谈了半天，晚上我就走了。日记里记此次谈话的大致如下：

吾以为文学在今日不当为少数文人之私产，而当以能普及最大多数之国人为一大能事。吾又以为文学不当与人事全无关系；凡世界有永久价值之文学，皆尝有大影响于世道人心者也。觐庄大攻此说，以为Utilitarian（功利主义），又以为偷得Tolstoy（托尔斯泰）之绪余；以为此等十九世纪之旧说，久为今人所弃置。

余闻之大笑。夫吾之论中国文学，全从中国一方面着想，初不管欧西批评家发何议论。吾言而是也，其为Utilitarian，其为Tolstoyan又何损其为是。吾言而非也，但当攻其所以非之处，不必问其为Utilitarian抑为Tolstoyan也。（七月十三日追记）

05

我回到纽约之后不久，绮色佳的朋友们遇着了一件小小的不幸事故，产生了一首诗，引起了一场大笔战，竟把我逼上了决心试做白话诗的路上去。

七月八日，任叔永同陈衡哲女士、梅觐庄、杨杏佛、唐擘黄在凯约嘉湖上摇船，近岸时船翻了，又遇着大雨。虽没有伤人，大家的衣服都湿了。叔永做了一首四言的《泛湖即事》长诗，寄到纽约给我看。诗中有“言櫂轻楫，以涤烦疴”；又有“猜谜赌胜，载笑载言”等等句子。恰好我是曾做《诗三百篇中“言”字解》的，看了“言櫂轻楫”的句子，有点不舒服，所以我写信给叔永说：

……再者，诗中所用“言”字“载”字，皆系死字；又如“猜谜赌胜，载笑载言”二句，上句为二十世纪之活字，下句为二千年前之死句，殊不相称也。（七月十六日）

叔永不服，回信说：

足下谓“言”字“载”字为死字，则不敢谓然。如足下意，岂因《诗经》中曾用此字，吾人今日所用字典便不当搜入耶？“载笑载言”因为“三千年前之语”，然可用以达我今日之情景，即为今日之语，而非“三千年前之死语”，此君我不同之点也。（七月十七日）

我的本意只是说“言”字“载”字在文法上的作用，在今日还未能确定，我们不可轻易乱用。我们应该铸造今日的话语来“达我今日之情景”，不当乱用意义不确定的死字。苏东坡用错了“驾言”两字，曾为章子厚所笑。这是我们应该引为训戒的。

这一点本来不很重要，不料竟引起了梅觐庄出来代抱不平：他来信说：

足下所自矜为“文学革命”真谛者，不外乎用“活字”以入文，于叔永诗中稍古之字，皆所不取，以为非“二十世纪之活字”。此种论调，固足下所恃为哓哓以提倡“新文学”者，迪又闻之素矣。夫文学革新，须洗去旧日腔套。务去陈言，固矣。然此非尽屏古人所用文字，而另以俗语白话代之之谓也。……足下以俗语白话为向来文学上不用之字，骤以入文，似觉新奇而美，实则无永久价值。因其向未经美术家之锻炼，徒委诸愚夫愚妇，无美术观念者之口，历世相传，愈趋愈下，鄙俚乃不可言。足下得之，乃矜矜自喜，眩为创获，异矣！如足下之言，则人间材智，教育，选择，诸事，皆无足算，而村农伧夫皆足为诗人美术家矣。甚至非洲之黑蛮，南洋之土人，其言文无分者，最有诗人美术家之资格也。何足下之醉心于俗语白话如是耶？至于无所谓“活文学”，亦与足下前此言之。……文字者，世界上最守旧之物也。……一字意义之变迁，必经数十或数百年而后成，又须经文学大家承认之，而恒人始沿用之焉。足下乃视改革文字如是之易易乎？……

总之，吾辈言文学革命，须谨慎以出之。尤须先精究吾国文字，始敢言改革。欲加用新字，须先用美术以锻炼之。非仅以俗语白话代

之，即可了事者也（俗语白语亦有可用者，惟必须经美术家之锻炼耳）。如足下言，乃以暴易暴耳，岂得谓之改良乎？（七月十七日）

觐庄有点动了气，我要和他开开玩笑，所以做了一首一千多字的白话游戏诗回答他。开篇就是描摹老梅生气的神气：

“人闲天又凉”，老梅上战场。
拍桌骂胡适，说话太荒唐！
说什么“中国有活文学”！
说什么“须用白话做文章”！
文字那有死活！白话俗不可当！
……

第二段中有这样的话：

老梅牢骚发了，老胡哈哈大笑。
且请平心静气，这是什么论调！
文字没有古今，却有死活可道。
古人叫做“欲”，今人叫做“要”。
古人叫做“至”，今人叫做“到”。
古人叫做“溺”，今人叫做“尿”。
本来同是一字，声音少许变了。
并无雅俗可言，何必纷纷胡闹？

至于古人叫“字”，今人叫“号”；
古人悬梁，今人上吊：
古名虽未必不佳，今名又何尝不妙？
至于古人乘舆，今人坐轿；
古人加冠束帻，今人但知戴帽：
这都是古所没有，而后人所创造。
若必叫帽作巾，叫轿作舆，
岂非张冠李戴，认虎作豹？

第四段专答他说的“白话须锻炼”的意思：

今我苦口哓舌，算来却是为何？
正要求今日的文学大家，
把那些活泼泼的白话，
拿来锻炼，拿来琢磨，
拿来作文演说，作曲作歌：——
出几个白话的嚣俄，
和几个白话的东坡，
那不是“活文学”是什么？
那不是“活文学”是什么？

这首“打油诗”是七月二十二日做的，一半是少年朋友的游戏，一半是我有意试做白话的韵文。但梅、任两位都大不以为然。觐庄来信大骂我，他说：

读大作如儿时听《莲花落》，真所谓革尽古今中外诗人之命者！足下诚豪健哉！（七月二十四日）

叔永来信也说：

足下此次试验之结果，乃完全失败；盖足下所作，白话则诚白话矣，韵则有韵矣，然却不可谓之诗。盖诗词之为物，除有韵之外，必须有和谐之音调，审美之辞句，非如宝玉所云“押韵就好”也。（七月二十四日夜）

对于这一点，我当时颇不心服，曾有信替自己辩护，说我这首诗，当作一首Satire（嘲讽诗）看，并不算是失败，但这种“戏台里喝采”实在大可不必。我现在回想起来，也觉得自己好笑。

但这一首游戏的白话诗，本身虽没有多大价值，在我个人做白话诗的历史上，可是很重要的。因为梅、任诸君的批评竟逼得我不能不努力试做白话诗了。觐庄的信上曾说：

文章体裁不同。小说词曲固可用白话，诗文则不可。

叔永的信上也说：

要之，白话自有白话用处（如作小说演说等），然不能用之于诗。

这样看来，白话文学在小说词曲演说的几方面，已得梅、任两君承认了。觐庄不承认白话可作诗与文，叔永不承认白话可用来作诗。觐庄所谓“文”自然是指《古文辞类纂》一类书里所谓“文”（近来有人叫做“美文”）。在这一点上，我毫不狐疑，因为我在几年前曾做过许多白话的议论文，我深信白话文是不难成立的。现在我们的争点，只在“白话是否可以作诗”的一个问题了。白话文学的作战，十仗之中，已胜了七八仗。现在只剩一座诗的壁垒，还须用全力去抢夺。待到白话征服这个诗国时，白话文学的胜利就可说是十足的了，所以我当时打定主意，要作先锋去打这座未投降的壁垒：就是要用全力去试做白话诗。

叔永的长信上还有几句话使我更感觉这种试验的必要。他说：

如凡白话皆可为诗，则吾国之京调高腔，何一非诗？……呜呼适之，吾人今日言文学革命，乃诚见今日文学有不可不改革之处，非特文言白话之争而已。……以足下高才有为，何为舍大道不由，而必旁逸斜出，植美卉于荆棘之中哉？……今且假定足下之文学革命成功，将令吾国作诗皆京调高腔，而陶谢李杜之流永不复见于神州，则足下之功又何如哉，心所谓危，不可不告。……足下若见听，则请从他方面讲文学革命，勿徒以白话诗为事矣。（七月二十四夜）

这段话使我感觉他们都有一个根本上的误解。梅、任诸君都赞成“文学革命”，他们都“诚见今日文学有不可不改革之处”。但他们赞成的文学革命，只是一种空荡荡的目的，没有具体的计划，也没有下手的途径。等到我提出了一个具体的方案（用白话做一切文学的工具），他们又都不赞成了。他们都说，文学革命决不是“文言白话之争而已”。他们都说，文学革命应该有“他方面”，应该走“大道”。究竟那“他方面”是什么方面呢？究竟那“大道”是什么道呢？他们又都说不出来了；他们只知道决不是白话！

我也知道光有白话算不得新文学，我也知道新文学必须有新思想和新精神。但是我认定了：无论如何，死文字决不能产生活文学。若要造一种活的文学，必须有活的工具。那已产生的白话小说词曲，都可证明白话是最配做中国活文学的工具的。我们必须先把这个工具抬高起来，使他成为公认的中国文学工具，使他完全替代那半死的或全死的老工具。有了新工具，我们方才谈得到新思想和新精神等等其他方面。这是我的方案。现在反对的几位朋友已承认白话可以作小说戏曲了。他们还不承认白话可以作诗。这种怀疑，不仅是对于白话诗的局部怀疑，实在还是对于白话文学的根本怀疑。在他们的心里，诗与文是正宗，小说戏曲还是旁门小道。他们不承认白话诗文，其实他们是不承认白话可作中国文学的唯一工具。所以我决心要用白话来征服诗的壁垒，这不但是试验白话诗是否可能，这就是要证明白话可以做中国文学的一切门类的唯一工具。

白话可以作诗，本来是毫无可疑的。杜甫、白居易、寒山、拾得、邵雍、王安石，陆游的白话诗都可以举来作证。词曲里的白话更多了。但何以我的朋友们还不能承认白话诗的可能呢？这有两个原因：第一是因为白话诗确是不多：在那无数的古文诗里，这儿那儿的几首白话诗在数量上确是很少的。第二是因为旧日的诗人词人只有偶然用白话做诗词的，没有用全力做白话诗词的，更没有自觉的做白话诗词的。所以现在这个问题还不能光靠历史材料的证明，还须等待我们用实地试验来证明。

所以我答叔永的信上说：

总之，白话未尝不可以入诗，但白话诗尚不多见耳。古之所少有，今日岂必不可多作乎？……

白话之能不能作诗，此一问题全待吾辈解决。解决之法，不在乞怜古人，谓古之所无，今必不可有；而在吾辈实地试验。一次“完全失败”，何妨再来？若一次失败，便“期期以为不可”，此岂“科学的精神”所许乎？……

高腔京调未尝不可成为第一流文学。……适以为但有第一流文人肯用高腔京调著作，便可使京调高腔成第一流文学。病在文人胆小不敢用之耳。元人作曲可以取仕宦，下之亦可谋生，故名士如高则诚、关汉卿之流皆肯作曲作杂剧。今日高腔京调皆不文不学之戏子为之，宜其不能佳矣。此则高腔京调之不幸也。足下亦知今日受人崇拜之莎士比亚，即当唱京调高腔者乎？与莎氏并世之培根著《论集》（*Essays*），有拉丁文英文两种本子；书既出世，培根自言，其他日不朽之名当赖拉丁文一本；而英文本则但以供一般普通俗人传诵耳，不足轻重也。此可见当时之英文的文学，其地位皆与今日京调高腔不相上下。……吾绝对不认

“京调高腔”与“陶谢李杜”为势不两立之物。今且用足下之文学以述吾梦想中之文学革命之目的，曰：

1.文学革命的手段，要令国中之陶、谢、李、杜敢用白话京调高腔作诗。要令国中之陶、谢、李、杜皆能用白话与京调高腔作诗。

2.文学革命的目的，要令中国有许多白话京调高腔的陶、谢、李、杜，要令白话京调高腔之中产生几许陶、谢、李、杜。

3.今日决用不着陶、谢、李、杜的陶、谢、李、杜。何也？时代不同也。

4.吾辈生于今日，与其作不能行远不能普及的《五经》、两汉、六朝、八家文字，不如作家喻户晓的《水浒》《西游》文字。与其作似陶似谢似李似杜的诗，不如作不似陶不似谢不似李不似杜的白话诗。与其作一个“真诗”，走“大道”，学这个，学那个的陈伯严、郑苏龛，不如作一个实地试验，“旁逸斜出”，“舍大道而弗由”的胡适。

此四者、乃适梦想中文学革命之宣言书也。

嗟夫，叔永，吾岂好立异以为高哉？徒以“心所谓是，不敢不为”。吾志决矣。吾自此以后，不更作文言诗词。吾之《去国集》乃是吾绝笔的文言韵文也。（七月二十六日）

这是我第一次宣言不做文言的诗词。过了几天，我再答叔永道：

古人说：“工欲善其事，必先利其器。”文字者，文学之器也。我私心以为文言决不足为吾国将来文学之利器。施耐庵、曹雪芹诸人已实地证明作小说之利器在于白话。今尚需人实地试验白话是否可为韵文之利器耳……。

我自信颇能用白话作散文，但尚未能用之于韵文。私心颇欲以数年之力，实地练习之。倘数年之后，竟能用文言白话作文作诗，无不随心所欲，岂非一大快事？

我此时练习白话韵文，颇似新辟一文学殖民地。可惜须单身匹马而往，不能多得同志，结伴同行。然我去志已决。公等假我数年之期。倘此新国尽是沙碛不毛之地，则我或终归老于“文言诗国”，亦未可知。倘幸而有成，则辟除荆棘之后，当开放门户，迎公等同来莅止耳。“狂言人道臣当烹。我自不吐定不快，人言未足为轻重。”足下定笑我狂耳。（八月四日）

这封信是我对于一班讨论文学的朋友的告别书。我把路线认清楚了，决定努力做白话诗的试验，要用试验的结果来证明我的主张的是非。所以从此以后，我不再和梅、任诸君打笔墨官司了。信中说的“可惜须单身匹马而往，不能多得同志，结伴同行”，也是我当时心里感觉的一点寂寞。我心里最感觉失望的，是我平时最敬爱的一班朋友都不肯和我同去探险。一年多的讨论，还不能说服一两个好朋友，我还妄想要在国内提倡文学革命的大运动吗？

有一天，我坐在窗口吃我自做的午餐，窗下就是一大片长林乱草，远望着赫贞江。我忽然看见一对黄蝴蝶从树梢飞下来；一会儿，一只蝴蝶飞了去了；还有一只蝴蝶独自飞了一会，也慢慢地飞下去，去寻他的同伴去了，我心里颇有点感触，感触到一种寂寞的难受，所以我写了一首白话小诗，题目就叫做《朋友》（后来才改作《蝴蝶》）：

两个黄蝴蝶，双双飞上天。
不知为什么，一个忽飞还，
剩下那一个，孤单怪可怜，
也无心上天，天上太孤单。

（八月二十三日）

这种孤单的情绪，并不含有怨望我的朋友的意思。我回想起来，若没有那一班朋友和我讨论，若没有那一日一邮片，三日一长函的朋友切磋的乐趣，我自己的文学主张决不会经过那几层大变化，决不会渐渐结晶成一个有系统的方案，决不会慢慢的寻出一条光明的大路来。况且那年（一九一六）的三月间，梅觐庄对于我的俗话文学的主张，已很明白的表示赞成了（看上文引他的三月十九日来信）。后来他们的坚决反对，也许是我当时的少年意气太盛，叫朋友难堪，反引起他们的反感来了，就使他们不能平心静气的考虑我的历史见解，就使他们走上了反对的路上去。但是因为他们的反驳，我才有实地试验白话诗的决心。庄子说得好："彼出于是，是亦因彼。"一班朋友做了我多年的"他山之错"，我对他们，只有感激，决没有丝毫的怨望。

我的决心试验白话诗，一半是朋友们一年多讨论的结果，一半也是我受的实验主义的哲学的影响。实验主义教训我们：一切学理都只是一种假设；必须要证实了，然后可算是真理。证实的步骤，只是先把一个假设的理论的种种可能的结果都推想出来，然后想法子来试验这些结果是否适用，或是否能解决原来的问题。我的白话文学论不过是一个假设，这个假设的一部分（小说词曲等）已有历史的证实了；其余一部分（诗）还须等待实地试验的结果。我的白话诗的实地试验，不过是我的实验主义的一种应用。所以我的白话诗还没有写得几首，我的诗集已有了名字了，就叫做《尝试集》。我读陆游的诗，有一首诗云：

能仁院前有石像丈余，盖作大像时样也。
江阁欲开千尺像，云龛先定此规模。
斜阳徙倚空长叹，尝试成功自古无。

陆放翁这首诗大概是别有所指；他的本意大概是说：小试而不得大用，是不会成功的，我借他这句诗，做我的白话诗集的名字，并且做了一首诗，说明我的尝试主义：

尝试篇

"尝试成功自古无"，放翁这话未必是。我今为下一转语，自古成功在尝试。请看药圣尝百草，尝了一味又一味。又如名医试丹药，何嫌六百零六次。莫想小试便成功，那有这样容易事！有时试到千百回，始知前功尽抛弃。即使如此已无愧，即此失败便足记。告人此路不通行；可使脚力莫浪费。我生求师二十年，今得"尝试"两个字。作诗做事要如此，虽未能到颇有志。作"尝试歌"颂吾师，愿大家都来尝试！

（八月三日）

这是我的实验主义的文学观。

这个长期讨论的结果，使我自己把许多散漫的思想汇集起来，成为一个系统。一九一六年的八月十九日，我写信给朱经农，中有一段说：

新文学之要点，约有八事：

1.不用典。

2.不用陈套语。

3.不讲对仗。

4.不避俗字俗语（不嫌以白话作诗词）。

5.须讲求文法（以上为形式的方面）。

6.不作无病之呻吟。

7.不摹仿古人。

8.须言之有物（以上为精神［内容］的方面）。

那年十月中，我写信给陈独秀先生，就提出这八个“文学革命”的条件，次序也是这样的。不到一个月，我写了一篇《文学改良刍议》，用复写纸抄了两份，一份给《留美学生季刊》发表，一份寄给独秀在《新青年》上发表。在这篇文字里，八件事的次序大改变了：

1.须言之有物。

2.不摹仿古人。

3.须讲求文法。

4.不作无病之呻吟。

5.务去烂调套语。

6.不用典。

7.不讲对仗。

8.不避俗字俗语。

这个新次第是有意改动的。我把“不避俗字俗语”一件放在最后，标题只是很委婉的说“不避俗字俗语”，其实是很郑重的提出我的白话文学的主张。我在那篇文字里说：

吾惟以施耐庵、曹雪芹、吴趼人为文学正宗，故有“不避俗字俗语”之论也。盖吾国言文之背驰久矣。自佛书之输入，译者以文言不足以达意，故以浅近之文译之，其体已近白话。其后佛氏讲义语录尤多用白话为之者，是为语录体之原始。及宋人讲学，以白话为语录，此体遂成讲学正体（明人因之）。当是时，白话已久入韵文，观宋人之诗词可见。乃至元时，中国北部在异族之下三百余年矣。此三百年中，中国乃发生一种通俗行远之文学，文则有《水浒》《西游》《三国》，曲则尤不可胜计。以今世眼光观之，则中国文学当以元代为至盛；传世不朽之作，当以元代为最多。此无可疑也。当是时，中国之文学最近言文合一，白话几成文学的语言矣。使此趋势不受阻遏，则中国几有一“活文学”出现，而但丁、路得之伟业几发生于神州。不意此趋势骤为明代所阻，政府即以八股取士，而当时文人以何李七子之徒，又争以复古为高。于是此千年难遇言文合一之机会，遂中道夭折也。然以今世历史进化的眼光观之，则白话文学之为中国文学之正宗，又为将来文学必用之利器，可断言也。以此之故，吾主张今日作文作诗，宜采用俗语俗字。与其用三千年前之死字，不如用二十世纪之活字。与其作不能行远不能普及之秦汉六朝文字，不如作家喻户晓之《水浒》《西游》文字也。

这完全是用我三四月中写出的中国文学史观（见上文引的四月五日日记），稍稍加上一点后来的修正，可是我受了在美国的朋友的反对，胆子变小了，态度变谦虚了，所以标题但称《文学改良刍议》，而全篇不敢提起“文学革命”的旗子。篇末还说：

上述八事，乃我年来研思此一大问题之结果。……谓之“刍议”，犹云未定草也。伏惟国人同志有以匡纠是正之。

这是一个国外留学生对于国内学者的谦逊态度。文字题为“刍议”，诗集题为“尝试”，是可以不引起很大的反感的了。

陈独秀先生是一个老革命党，他起初对于我的八条件还有点怀疑（《新青年》二卷二号。其时国内好学深思的少年，如常乃德君，也说“说理纪事之文，必当以白话行之，但不可施于美术文耳”见《新青年》二卷四号），但他见了我的《文学改良刍议》之后，就完全赞成我的主张；他接着写了一篇《文学革命论》（《新青年》二卷五号），正式在国内提出“文学革命”的旗帜。他说：

文学革命之气运，酝酿已非一日。其首举义旗之急先锋则为吾友胡适。余甘冒全国学究之敌，高张“文学革命军”之大旗，以为吾友之声援。旗上大书特书吾革命三大主义：

曰：推倒雕琢的，阿谀的贵族文学；建设平易的，抒情的国民文学。

曰：推倒陈腐的，铺张的古典文学；建设新鲜的，立诚的写实文学。

曰：推倒迂晦的，艰涩的山林文学；建设明了的，通俗的社会文学。

独秀之外，最初赞成我的主张的，有北京大学教授钱玄同先生（《新青年》二卷六号《通讯》，又三卷一号《通讯》）。此后文学革命的运动就从美国几个留学生的课余讨论，变成国内文人学者的讨论了。

《文学改良刍议》是一九一七年一月出版的，我在一九一七年四月九日还写了一封长信给陈独秀先生，信内说：

此事之是非，非一朝一夕所能定，亦非一二人所能定。甚愿国中人士能平心静气与吾辈同力研究此问题。讨论既熟，是非自明。吾辈已张革命之旗，虽不容退缩，然亦决不敢以吾辈所主张为必是，而不容他人之匡正也。……

独秀在《新青年》（第三卷三号）上答我道：

鄙意容纳异议，自由讨论，固为学术发达之原则，独至改良中国文学当以白话为正宗之说，其是非甚明，必不容反对者有讨论之余地；必以吾辈所主张者为绝对之是，而不容他人之匡正也。盖以吾国文化倘已至文言一致地步，则以国语为文，达意状物，岂非天经地义？尚有何种疑义必待讨论乎？其必欲摈弃国语文学，而悍然以古文为正宗者，犹之清初历家排斥西法，乾嘉畴人非难地球绕日之说，吾辈实无余闲与之作此无谓之讨论也。

这样武断的态度，真是一个老革命党的口气。我们一年多的文学讨论的结果，得着了这样一个坚强的革命家做宣传者，做推行者，不久就成为一个有力的大运动了。

（《四十自述》的一章，二十二年十二月三日夜脱稿。）